U0875394

华夏文库 经典解读系列

舌吐风雷震九州

——《战国策》谋略

何昆 著

中原出版传媒集团
大地传媒
海燕出版社

“华夏文库”发凡

毫无疑问，每一个时代都有属于自己时代的精神追求、文化叩问与出版理想。我们不禁要问，在21世纪初叶，在全球文明交融的今天，在信息文明的发轫初期，作为一个中国出版人，我们正在或者将要追求什么？我们能够成就或奉献什么？我们以何种方式参与全球化时代的文化传播进程？在一连串的追问下，于是，有了这套“华夏文库”的出版。

自信才能交融。世界各大文明在坚守自身文化个性的同时，不约而同地加快了探视其他文化精神内涵的步伐，世界不同文明正在朝着了解、交流、碰撞、借鉴与融合的方向前进。在此背景下，建立自身的文化自信，正是与世界各文明民族进行文化交流的基本要求。五千年中华文明与文化正在不断地被其他文明所发现、所挖掘、所认知，汉语言正在生长为世界语言，儒文化正在世界各地生根发芽。借助这样一种正在成长着的文化自信、自觉、开放、亲和之力，用我们这个时代的学术眼光全面系统梳理中华五千年的文明与文化，向其他各大文明与文化圈正面展示自我，让中华优秀文化成为世界文化的重要组成部分，正是我们出版这套文库的目的之一。此其一。

知己才能知彼。身处五千年文化浸润的今天，重新思考我们先人的人生思考、价值思考与哲学思考，找到一个民族、一个国家的价值所在、立命所在、安身所在，这已经是我们这个时代的学人与出版人不得不再思考的问题。作为中华文明的一分子，我们在思考的同时，还必须了解我们的先人创造了如何优秀的精神文明与物质文明以及社会文明。只有熟知自己的文化，热爱自己的文化，悟明自己的文化，我们才能宣说自己、弘扬自己、光大自己。因此，我们策划组织这套“华夏文库”的初衷，还在于让当下的知识青年全面系统瞭望中华文明与文化的全景，并借此能够对更为深广的世界各民族文化提供一个比较认知的基础。此其二。

顺势才能有为。我们正处在农耕文明、工业文明、信息文明的交会处，信息文明带领我们从读纸时代进入读屏时代，以智能手机屏幕为代表的书籍呈现方式正在与纸质书籍争夺阅读时间与空间。我们正在领悟数字技术，正在以信息文明的视角，去整理、分析和研究农耕文明与工业文明的文化遗产，不仅仅是为了唤醒优秀的传统文化，我们还在生发和原创着当今时代的文化。由此，我们试图架起一座桥梁——由纸质呈现而数字呈现，由数字呈现而纸质呈现，以多媒介的书籍呈现方式，将文字、图像、声音与视频四者结合，共同筑成“华夏文库”，以奉献给信息文明时代的新读者。此其三。

总之，这是一套——专家大家名家写小书；以最小的阅读单元，原创撰写中华精神文化、物质文化与社会文明系列主题与专题；以图文、音视频多媒介呈现的方式，全面介绍与传播中华文明与优秀文化，系统普及与推介中华文明与文化知识；主旨是为了让世界与中国共同了解中国的——大型丛书，借此，复兴文化，唤起精神，融入世界。

耿相新

2013年6月27日

前 言

透过历史的烟尘，将目光投向那遥远而动荡的时代——战国。顾名思义，这是一个列国混战不休的时代。彼时，周王室威风扫地，诸侯国各自为政。天子威仪、霸主威名已成为繁华旧梦，不再有昔日风采。策士，取而代之成为历史舞台上独领风骚的主角。《战国策》，就是战国时期策士们的言论总集。既记载了当时策士的奇策良谋、犀利谈锋，又借此展示了战国时代的社会风貌、历史特点。

《战国策》分为东周、西周、秦、齐、楚、赵、魏、韩、燕、宋、卫和中山十二国策。西汉时刘向将其整理编次为三十三篇。全书以策士的游说活动为中心，反映出当时错综复杂的政治、军事、外交斗争，是研究战国社会状况的重要材料。史学家将其视为国别体史书，但书中并没有系统完整的体例，都是相互独立的单篇。文学家则认为其是传诵千古的名著，它不但以纵横的文笔形成了波澜起伏、别具一格的文风，还创造出众多栩栩如生的人物形象，特别是富谋略、善辞令的策士形象，可称得上是我国古代传记文学的开端。另外，善于运用言浅意深的寓言形式说理，如“狐假虎威”“惊弓之鸟”“狡兔三窟”等等，千载流传。

相比于王侯韬略、美人心计、凡人智慧，最引人瞩目的无疑是策士风流。“一人之辩，重于九鼎之宝；三寸之舌，强于百万之师。”刘勰在《文心雕龙·论说》中对战国策士们风采的概括可谓精准。纷乱、失序的战国时代成就了策士们的辉煌。他们顺时应势、捐弃仁义；游说列国、朝秦暮楚；才智卓绝、尚实重利。弘辩之士、智术之士、贤能之士、道德之士、勇敢之士共同演绎着策士风流。舌吐风雷的策士们以其谋略胆识征服了那个时代的王侯将相，也让后世的我们赞叹而感慨。我们欣赏其智言慧语的同时，亦不得不反思其昙花一现般的灿烂。缺少了道德的规范、失去了信义的支撑，仅凭尔虞我诈、武力征伐取得的胜利与成就，终是历史长河中的涟漪，渐渐归于沉寂。

何　昆

2014年10月1日

目 录

一 策士风流

二　王侯韬略

三　美人心计

四　凡人智慧

一

策士风流

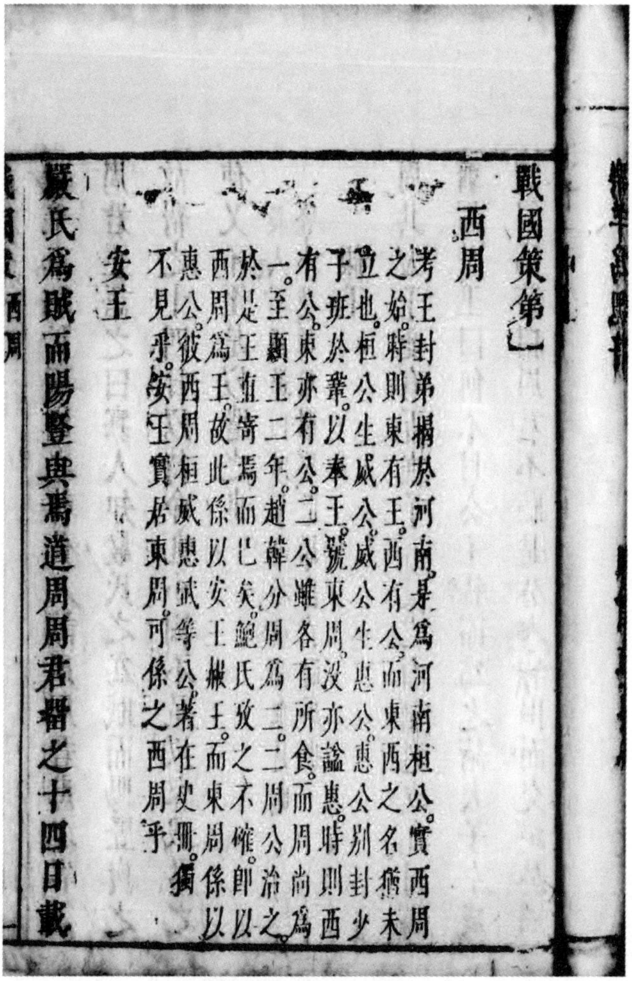

戰國策第一

西周

考王封弟揭於河南是爲河南桓公實西周之始時則東有王西有公而東西之名猶未立也桓公生威公威公生惠公惠公別封少子班於鞏以奉王號東周沒亦謚惠時則西有公東亦有公二公雖各有所食而周尚爲一至顯王二年趙韓分周爲二二周公治之於是王亦寄焉而已矣鮑氏改之不確即以西周爲王故此係以安王赧王而東周係以惠公彼西周桓威惠武等公著在史册獨不見乎按王實君東周可係之西周乎

安王

嚴氏爲賊而陽豎與焉道周周君留之十四日載

戰國策 西周

《战国策》书影（据明万历刻本）

弘辩之士

颜率——审时度势化危机

颜率，这个名字对大多数人来讲可能是陌生的。尽管此名或许不及苏秦、张仪那样令人耳熟能详，但却同样如雷贯耳。《战国策》一书塑造了许多舌吐风雷的策士形象，而颜率就是《战国策》中第一位闪亮登场的策士，是他翩翩然揭开了策士风流的第一幕。说其“闪亮”实不为过。颜率一出场就在紧要关头从容献计献策，以四两拨千斤之巧，一举解决了两个令周天子束手无策的难题。

战国时期，周王室早已没了西周时的威风，而作为春秋之义的“尊王攘夷”亦被弃置一旁。忙于攻伐或自保的诸侯国国君，不尊王，也不勤王。但你尊，或不尊，周王室就在那里，不来不去。周天子没有了赫赫天威，没有了广袤疆土，却依然有至尊的高贵身份，因为那象征王权的传国九鼎仍然在周天子的手中。乱世之中，弱小的周王室虽已不被列国放在眼中，但列国诸侯对于那传国九鼎却是垂涎三尺的。早在春秋之时，张狂的楚庄王就曾观兵周疆、问鼎轻重，但彼时情势如王孙满所言，“周德虽衰，天命未改。鼎之轻重，未可问也”（《左传·宣公三年》）。如今时过境迁，列国诸侯的野心何止问鼎轻重，强秦竟堂而皇之地兴师临周，意欲将九鼎从周天子手中夺走。九鼎相传为夏王大禹所铸，全国九州的名山大川、奇异之物皆镌刻于九鼎之上，为国之重宝。夏亡，九鼎迁于殷都。殷亡，九鼎陈于西周镐京，后又移至洛阳。周公创立列鼎制度，即天子九鼎，诸侯七鼎，大夫五鼎。九鼎是王权至高无上、国家统一昌盛的象征，也是此时周王室存在的凭依。

原想守着九鼎低调生活的周君为此深感忧虑，面对既无强盛国力，又无盟军救援的尴尬局面，一筹莫展的他能做的只是将自己的满腹愁思告诉大臣颜率。颜率闻言，虽面带忧色，却态度从容，安慰周君道："大王不必担忧，我愿东到齐国借兵救援。"颜率离去的背影似夜色降临前的三寸日光，那抹亮色使周君的心不再那样慌乱了。

颜率此行成败关乎周之存亡，如果没有必胜的把握，怎能主动请缨？颜率到了齐国，直截了当地对齐宣王说："秦国做事不讲道义，想发兵夺取周的九鼎，周的君臣经过慎重考虑，都觉得与其将九鼎给秦国，不如送给贵国。"齐宣王已听闻秦国欲强取周鼎之事，暗自遗憾自己与那九鼎无缘，听颜率之言不由得一喜，但自己贸然与强秦作对好吗？一旁察言观色的颜率继续言道："保护濒临危亡的国家，能获得美名；得到传国至宝九鼎，是很实在的利益。希望大王好好考虑这件事。"齐宣王闻言喜形于色，这样名利双收的好事，还有什么可犹豫的呢？于是发兵五万，命大将陈臣思统率大军速速去救援周国。

秦国没料到齐国会突然插上一脚，原想着凭自己的兵强马壮夺了周的九鼎不成问题，但此时因齐国的介入，事态复杂起来。虽然齐国也是大国，但只其一国之力倒也不足为惧，怕的是其他诸侯国也纷纷前来欲分一杯羹，那样就得不偿失了。秦军只好放弃初衷，撤兵回国。

虽兵临城下，但有惊无险。周国君臣们七上八下的心，总算回到了正常位置。可是，好景不长，做完好人好事的齐国喜滋滋地来向周国索要九鼎了。周君又将一双充满忧虑的眼望向颜率。颜率依然镇定自若地说："大王不要焦虑，我愿到齐国去解决这个问题。"颜率再次将离去的背影留在周君的视野里，将希望留在周君的心底。

到了齐国，颜率对齐宣王说："依仗贵国的仗义相助，周国上下得以保全，我们心甘情愿献出九鼎，贵国打算从哪条路线把它们运到齐国呢？"齐宣王说："我打算向魏国借道。"颜率听了，阻止道："不可以。"齐宣王不解地看向颜率，颜率解释道："魏国的君臣也一心想得到那九鼎，他们曾在晖台脚下、沙海边上反复谋划很久。九鼎进入魏国，肯定是有进无出的。"齐宣王想想是有这个可能，而且可能性还不小，便说："那我就向楚国借道吧。"说完就看着颜率，心想：这回看你还说什么。颜率闻言还是摇头，回答说："那也不行。楚国的君臣也很想得到九鼎，他们在叶庭谋划已非一日。九鼎如果进入楚国，必定还是进得去出不来。"这也不可，那也不行。齐宣王气恼地说："那我该用哪条路线才能把九鼎运到齐国呢？"颜率故作一声长叹，说："敝国暗中也为大王担忧啊。九鼎，不像醋瓶酱罐，可以怀揣手提就带到齐国；也不像鸟聚鸦飞、兔跑马奔，一转眼就到达齐国。从前我们周国讨伐殷朝，得到了九鼎。一个鼎用九万人牵引，九个鼎就要动用九九八十一万人，而辅助的士兵役夫、所需的器械服装等，难以计数。如今即使大王有这么多人，又从哪条路运走呢？我私下里真为大王您担忧啊！"齐宣王不是傻瓜，自然听出颜率这番担忧之词的弦外之音，不高兴地说："你屡次前来，说来说去，无非是不愿把九鼎给齐国罢了。"颜率立即诚恳地说："实在不敢欺骗贵国，请您尽快决定运送九鼎的路线，敝国正待命迁出九鼎，随时听候您的命令。"齐宣王固然是不满于颜率三番五次的推托之词，但是也不得不承认颜率的分析合情合理。无奈之下，终于放弃了索要九鼎的打算。

未用一兵一卒，仅凭三寸不烂之舌，颜率潇潇洒洒地化解了一场危机、解决了两个难题。当年王孙满拒楚问鼎之轻重，凭借的是凛然正气。如今颜率智保九鼎于周，凭借的是权谋机巧。同样是审时度势，颜率的机智中却透着尔虞我诈的味道。这是那个诚信失落的战国时代浸染在策士们身上的特殊味道，让人们在赞叹其惊人才智的同时，亦忍不住为其重计谋、弃信义的言行一声长叹。

苏秦——合纵名成洗前耻

战国时代是属于策士的时代，士人在此时取得了空前绝后的辉煌成就，挥斥方遒的书生意气化作指点江山的奇策良谋。策士们舌吐风雷，游说列国；驱使侯王，名显于世。苏秦、张仪两人更如相映生辉的双子星，浓墨重彩地描绘出策士们的无限风光。比之张仪，苏秦的经历更多几分传奇色彩——始主连横，出师不利；东山再起，合纵名成。既曾穷困潦倒，为人耻笑，备尝世态炎凉，又曾引锥刺股，平步青云，成就千古佳话。

苏秦，字季子，东周洛阳人，曾师从鬼谷子，是战国时期纵横家的代表人物之一。他追名逐利，却不乏人文情怀；他并相六国，却终被刺身亡。苏秦的一生，成为我们不能错过的精彩。说起苏秦的成败，便不得不提及当时的两种基本外交策略——连横和合纵。所谓连横，就是秦联合东方部分诸侯国以对付其他诸侯国。所谓合纵，就是东方诸侯联合起来对付秦国。简而言之，“纵者，合众弱以攻一强也；横者，事一强以攻众弱也”（《韩非子》）。这两种策略，苏秦都使用过，却一成一败。

起初，苏秦用连横之策去游说秦惠王。那时的苏秦虽说没有名满天下，但游说起来也是口若悬河、滔滔不绝的。苏秦首先为秦王分析其所具优势，言道："大王，您的国家西面有巴、蜀、汉中富饶的物产，北面有胡地的貉皮和代地的良马可供备战之用，南面有巫山、黔中的险地，东面有崤山、函谷关坚固的要塞。田地肥美，百姓殷实，战车万辆，精兵百万，沃野千里，物资丰富，地势便利，这真称得上是天然的府库，最强大的国家了。凭着大王的贤明，军民的众多，战备的充实，将士的训练有素，完全可以兼并诸侯，统一天下，成为治理天下的帝王。愿大王能稍加留意，让我向您陈说如何实现这一大业的方略吧。"

这番面面俱到的溢美之词却没能打动秦王，只听秦王淡淡地答道："我听说，羽毛不丰满的鸟，不可以高飞；法令不完备的国家，不可以实施刑罚；道德不高尚的人，不可以役使百姓；政治教化不清明的君王，不可以劳烦大臣。现在先生不远千里来到朝堂上，郑重其事地当面指教，希望在以后的日子里，能再聆听您的教诲。"

秦王的回答温文有礼中透着礼貌的疏离。聪敏的苏秦自然听出秦王言语之后的冷淡，便以退为进继续说道："我本就料到大王不会采纳我的主张。神农氏攻打补遂，黄帝涿鹿之战中擒获蚩尤，唐尧放逐驩兜，虞舜讨伐三苗，夏禹制服共工，商汤征服夏桀，周文王消灭崇侯，周武王攻克商纣，齐桓公通过战争而称霸天下。由此可见，要想兼并天下，哪有不用战争的道理呢？从前使者车辆来往奔驰，诸侯们订约结盟，普天之下合为一体。

"后来，或合纵，或连横，战争从未停止。文人辩士，花言巧语竞相游说，使诸侯迷惑昏乱。各种矛盾事端不断产生，简直繁乱得不能治理。法令条文多如牛毛，众人的欺诈不见减少。国家政令繁杂，百姓无所适从。君臣互相埋怨，民众无所依赖。道理讲得冠冕堂皇，战争却更加频繁。身着盛装的说客越是能言善辩，战争就越是不能停息。发下公文越多，天下越治理不好。谋士舌头都磨破了，君主耳朵也听聋了，国事却总不见成功。尽管您讲究仁义、守盟约，各国总是不和睦。

“这样一来，就要弃文用武，以厚禄供养不怕死的武士，修缮兵甲、磨砺武器，决胜于战场。如果无所事事就能得到好处，安坐不动就能开疆扩土，即使是古代的五帝、三王、五霸那样贤明的君主，只想坐而得利，那也是办不到的啊！所以只好用战争来解决问题。两军对垒，相距远时，便互相攻打；离得近时，就短兵相接，战胜对方才能建功立业。因而要在外取得军事胜利，在内施行仁政，国君的威望就树立起来了，老百姓也就服从了。

“如今要想吞并天下，凌驾诸侯，战胜敌国，抚育万民，令诸侯称臣，非用兵力不可。现在那些继承王位的君主，却忽略了用兵这一至关重要的道理，不懂得如何教化百姓，缺乏治理国家的策略，迷惑于花言巧语，沉溺于诡辩空谈。这样看来，大王您必然不会采纳我的主张啊！”

这层层推进、鞭辟入里的一番高谈阔论依旧没能令秦王改变初衷。秦王并非不想有所作为，亦并非不认同苏秦所言，他的不为所动正是因为他知时局、善识人。其时，秦国刚刚杀掉变法的商鞅，对才华出众的策士十分顾忌。秦王深知此时其要务是理顺君臣关系、安邦定国，而非向外扩张、吞并天下。故而其后苏秦游说秦王的奏章上了十多次，主张还是没有被采纳。

初出茅庐的苏秦太急于一展长才，没有仔细揣度秦王的处境、心态，结果不但没能心想事成，反而适得其反、处境狼狈。穿的黑貂皮衣服破旧了，所带的百斤黄金用尽了，生活费用没有了，至此苏秦的连横之术彻底宣告失败。一筹莫展的苏秦只得离开秦国回家去了。他腿上缠着绑腿，脚上穿着草鞋，背上背着书简，肩上挑着行李，神情憔悴，脸色黄黑，面露愧色。当日意气风发地离家，如今却是落魄而归。原期待着苏秦衣锦还乡的家人，看到这样的苏秦不由得心灰意冷。面对风尘仆仆归来的苏秦，妻子不从织布机上下来迎接，嫂子不给他烧火做饭，父母不和他说话。失意的苏秦长叹一声说：“唉，妻子不把我当丈夫，嫂子不把我当小叔，父母不把我当儿子，这都是我自己的过错呀！”

然而，苏秦终非凡夫俗子，他没有就此沉沦，而是知耻后勇、发愤图强。当天晚上便取出藏书，把几十箱书都打开，从中找到了一部姜太公写的讲谋略的书《阴符》。苏秦将它视为自己东山再起的希望，于是埋头苦读、反复钻研、悉心揣摩。当读书困倦欲睡时，就拿锥子刺自己的大腿，鲜血一直流到脚跟。苏秦对自己说：“哪里有游说君主而不让他们拿出金玉锦绣，并让我取得卿相高位的道理呢？”苏秦就这样忍受着心灵的煎熬、身体的疼痛，过了整整一年，终于学有所成，便说：“这回真可以去游说当代的君主了。”

这一次苏秦取道燕乌集阙，在富丽堂皇的宫殿里游说赵王。赵王是一位有雄才大略的君主，对苏秦的主张颇为欣赏，两人相谈甚欢。赵王赞许的神情，抚慰了苏秦说秦失败的伤痛。苏秦的计谋韬略，也令赵王高兴非常，亲封苏秦为武安君，授予他相印，并赐给他兵车百辆，锦缎千匹，白璧百双，黄金万镒。苏秦引锥刺股之时，心之所念的种种一一实现了。从此苏秦以此为凭借联络东方各国，建立起了合纵联盟，逐步瓦解连横阵线，遏制强秦东进。苏秦在赵国做国相时，使秦兵一度不敢出函谷关。合纵成功的苏秦，成为战国策士中成就最辉煌的一位。

那个时候，广大的天下，众多的百姓，威严的王侯，掌权的谋臣，全都服从于苏秦的计谋。苏秦没有花费一斗粮食，没有动用一件兵器，没有派出一兵一卒，没有折断一根弓弦，没有损失一个箭头，就使六国诸侯和睦相处，胜过手足兄弟，实现了贤人在位天下归服，任用贤人天下顺从。苏秦声威大震之时，赵王拿出万镒黄金供他游说诸侯所用，一路上车水马龙，耀武扬威，显赫于道。崤山以东六国像风吹草伏一样，拜倒在苏秦脚下，使赵国的地位大为提高。

何谓平步青云？苏秦的经历很好地诠释了这个词语。苏秦原来只不过是一个身处陋巷的穷书生，主张被赵王采纳之后，他扬鞭跃马游说诸侯，堵塞了诸侯左右臣子的嘴巴，天下没有一个人可以与他抗衡，一时间名利双收、世人争羡。当苏秦将要去游说楚王时，途经洛阳老家。他的父母听到这个消息后，打扫房屋，清理道路，奏乐摆宴，带领全家到郊外三十里的地方去迎接他。他的妻子不敢正眼看他，毕恭毕敬地听他讲话；他的嫂子伏在地上爬行到苏秦面前，拜了四拜，长跪谢罪。苏秦问嫂子："嫂子，你为什么以前那么傲慢，现在却又如此谦卑呢？"他嫂子回答道："因为小叔子您现在地位高贵而有钱啊。"想起当日家人对自己的轻慢，苏秦叹息道："唉！贫贱时，父母都不把我当儿子；富贵了，连家里的亲人都敬畏我。人生在世，权势与财富怎么可以忽视呢？"

这就是苏秦的悲喜人生。千载之前，苏秦拜相封侯的辉煌成就令世人争羡；千载之后，苏秦引锥刺股的刻苦精神依旧是莘莘学子的榜样。诚然，苏秦的出人头地，源自他对功名利禄的渴望与追求。然而，那样的乱世，那样的家庭，世态炎凉是他无从回避的现实，我们无法苛责境遇中无可奈何的人。成与败，交织成人生的起落。有多少人在起起落落之间、人情冷暖之中，放弃了理想，停下了脚步。有时所谓的堕落，不过是一天天无所事事的消磨。苏秦成就传奇，不止因其是智者，更因其是勇者。

张仪——破纵连横成己名

张仪，战国时期著名的纵横家、外交家、谋略家。魏人，与苏秦齐名，皆被司马迁称为“倾危之士”。两人同为鬼谷子的学生，苏秦主合纵之计，张仪则主连横之策。两人经历亦略同，皆出师不利，后名显于世。只是同样相于诸侯、游说天下的张仪，为人不忠不义、惹是生非。

作为连横外交策略的首创者，张仪的名字屡次出现在《战国策》当中，戏楚事秦、中伤陈轸、驱逐惠施等等，其所作所为固见其机智善辩，但也不难见出这些奇谋妙计多为一己之私。纵使如此，我们亦不必急于对这样的张仪大加挞伐，不妨略看看他的生平之事，了解一下这个无钱无权的“屌丝”是如何成功逆袭的。

初到楚国时，张仪并没有受到重视，很不如意，财物都用光了，处境贫困。他的随从觉得没有什么盼头儿，很不高兴，想要回去。张仪看看随从，说：“你一定因为衣帽破旧了，所以才想要回去。你先别急，等等我，我为你去拜见楚王。”说完便迈着坚定的步伐转身而去。随从用充满怀疑的眼神注视着那渐渐远去的背影。张仪未曾回头，心知自己不仅要给随从一个交代，而且要给自己一个交代。

张仪去拜见楚王，楚王见到他，脸上露出不悦之色。张仪如同未发觉一般，平静地说道：“大王如果没有用得着臣下的地方，臣下请求到北方去拜见三晋的国君。”见张仪辞行，楚王并不挽留，只是懒懒地说了一个字：“好。”面对意料之中的冷淡，张仪继续不慌不忙地说道：“大王对三晋有什么需求吗？”楚王傲慢地回答道：“黄金、珠玑、犀角、象牙都出产在楚国，寡人对三晋无所求。”张仪点了点头，又摇了摇头，不无惋惜地说道：“大王竟然不喜欢美色吗？”那时，南后和郑袖正因深得楚王的宠爱而在楚国地位尊贵。这样的楚王怎能不爱美色？果然，楚王来了兴趣，问道：“此话怎讲？”张仪心中暗暗得意，表面上却不露声色，说道：“韩国、周国的那些女子，粉白的皮肤，乌黑的头发，站在街市之上，不知道的人见了她们，还以为见到了仙女。”楚王一听有女美若天仙，非常心动，说：“楚国是一个偏僻的国家，还没有见过像你说的那么美貌的中原女子。我为什么偏偏不喜欢美色呢？”楚王话音一落，张仪便会心一笑。聪明人的聪明，恰在于听得到别人没说出口的话。心有所求的楚王不再冷淡傲慢，反而热情大方地赠给张仪许多珍珠美玉。

这些珠玉对张仪的随从来说，或许是个了不得的惊喜，但对张仪来讲这只不过是理所应当的收获，而且只是收获的开始而已。南后、郑袖知道了张仪要为楚王选美人的消息后，大为恐慌。现在两人凭借花容月貌得到楚王的万般宠爱，可如果张仪真的将仙女般的美人献给楚王，那时候只怕楚王会但见新人笑，不闻旧人哭吧？两人争先恐后地派人向张仪示好。南后派人对张仪说：“我听说将军要到三晋去，恰巧手里有黄金千斤，就送给您用作购买草料的费用吧。”郑袖也以黄金五百斤相赠。

收了楚王珠玉，又来了美人的黄金，这接连不断的惊喜让随从有些应接不暇。随从在开心不已的同时也忍不住担忧起来，这张仪到底怎么想的？是为楚王找美人，还是为了南后、郑袖不找美人？得罪了哪一边都可能吃不了兜着走啊！相比于随从的忧心忡忡，张仪倒是一副胜券在握的样子。在与楚王辞行时，还有心情讨酒喝，说：“天下各国关闭了关塞，交通不便，不知道何时才能再见大王，希望能与大王饮酒作别。”楚王回答得很痛快，说：“好！”于是设宴与张仪对饮。酒至半酣，张仪向楚王拜了两拜请求说：“在这里没有外人，大王您就召左右亲近宠幸的人一起来饮酒吧。”楚王便召来了南后、郑袖一起饮酒。美酒、美人，楚王喝得更高兴了。气氛正好时，张仪再次拜谢并请罪说：“我在大王面前犯下了死罪。”开怀畅饮的楚王惊讶地问：“怎么回事？”张仪看了看两位备受宠爱的美人，对楚王说：“我走遍了天下，还未见过长得如此之美的女人。可不知天高地厚的我居然还说要为大王找美人，这岂不是在欺骗大王您吗？”张仪的这番“检讨”，不仅让座上的两位美人听得心花怒放，而且也令自以为是的楚王龙颜大悦，哈哈大笑着说：“你不必挂怀了。我本来就认为天下没有能比她们更美的女人了。”

就这样，一个穷酸文士将国君和宠妃要得团团转，此次之胜，看似轻松，实则亦是险中求胜，犹如行走在高空中的钢丝绳上，如果张仪不能准确地拿捏对手心理——楚王之愚、美人之私，那么可能面对身死名灭的下场。张仪巧施妙计从不屑于采纳他奇策良谋的楚王那里赚得黄金珠玉，这对于张仪不过是小试牛刀，他要的是拜相封侯、名满天下。让人佩服他舌灿莲花般的口才，见识了他重利轻义的本质之后，张仪凭借着自己的雄辩之才、智谋之计入秦游说，秦惠王封其为相。其后，张仪出使游说于诸侯列国，以“横”破“纵”，使各国纷纷由合纵抗秦转变为连横亲秦，终现实了其名利双收的理想。

与其说是秦国成就了张仪的梦想，不如说是秦惠王的独具慧眼给了张仪施展长才的机会。秦惠王与张仪，一如秦孝公与商鞅，君臣合璧为秦一统天下奠定了坚实的基础。历史的相似还不仅止于此，当年秦孝公死后，秦惠王继位后车裂了其父的宠臣商鞅。秦惠王死后，秦武王继位，这位新君同样对父王的宠臣心存不满。此时张仪的地位岌岌可危。足智多谋的张仪怎能让自己像商鞅一样惨死呢？且来看看张仪是如何化险为夷的。

张仪为秦惠王的丞相，秦惠王去世，秦武王即位。武王左右的亲近大臣都憎恨张仪，诽谤道：“张仪事奉先王不忠心。”这边诋毁的话还没有说完，那边齐国派来谴责张仪的使者又到了。这才是

“福无双至，祸不单行”。张仪听说以后，想到秦武王做太子时就讨厌自己，如今国内诽谤不断、国外谴责已至，如果不想出个万全之策应对，自己恐怕轻则被逐，重则丧命。于是，张仪对秦武王说：“我有一拙计，愿意献给大王。”

秦武王看看这个对秦国有功，自己却一直不喜欢的人，心想这个时候你不哪儿凉快躲哪儿去，还敢来献计，也好，就听听你有何话说，问道：“什么计策？”张仪不疾不徐地说：“为国家着想，崤山以东六国如果发生战事，大王您就可以多割占土地。”秦武王原以为张仪一定会为自己的窘况开脱，这样的开场白倒是颇让秦武王意外，不由得认真起来。张仪继续说道：“如今齐王非常憎恨我，我在什么地方，齐国一定攻打什么地方。所以我愿意以不才之身到魏国去，这样齐国一定会发兵攻打魏国。到时候，齐国、魏国的军队在大梁城下交战，不分胜负的时候，大王您就可以趁此机会进攻韩国，进入三川，出兵函谷关，不动声色地进逼周地，定会得到周的祭器。然后大王挟持天子，掌握地图和户籍，这才是称王的大业啊。”秦武王心想此计甚好，既可以让自己讨厌的人从眼前消失，又有利于秦的统一大业，回答道：“好。”便命人准备兵车三十辆，把张仪送到了魏国。

齐国听说此事后果然发兵进攻魏国。魏襄王十分恐慌。当日留下张仪，因为张仪是魏国人，又是秦国派兵送来的，才接纳了他，没想到竟是惹祸上门。张仪见齐国大军来犯，倒是并不着急，反而有种幸好如此的心安，说：“大王您不必忧虑，就让我使齐国退兵吧。”可张仪并未亲自出马去齐国，而是派他的舍人冯喜到楚国去，再借用楚国使者的名义转道往齐。冯喜把齐楚两国间的外交事宜处理完后，似闲聊般乘机对齐王说：“大王您很憎恨张仪，虽然如此，大王还是让张仪取信于秦王，您对他实在是太宽厚了。”齐王莫名其妙地说：“我痛恨张仪，张仪在哪儿，我就发兵攻打哪儿，怎么能说是为了让秦王信任张仪呢？”冯喜故作惊讶道：“您这就是让张仪取信于秦王啊！张仪离开秦国时，原本和秦王做了约定，秦王于是给张仪三十辆兵车，把他送到魏国。现在齐国真的攻伐魏国，大王您去讨伐盟国，这不是使自己的军队疲惫，而让秦国扩大领土吗？这不是自惹灾祸而让张仪取信于秦王吗？所以我说您对张仪实在是太宽厚了啊。”齐王听了冯喜的这番话，暗暗心惊，觉得自己差点儿上了张仪的当，他可不想做损己利人的事，忙说：“你的话有道理。”然后下令停止了对魏国的进攻。

不得不佩服张仪计策之奇，一计两用，奇之又奇。一番话说秦王，使自己逃出虎口化险为夷；同样的一番话说齐王，使魏国免去兵临城下之危。只是，此计同样是兵行险招，为一己之私，妄说诸侯，见以兵戎，如果失策，自己有性命之虞，百姓亦有涂炭之苦。这便是张仪之为人，纵奇谋佳策堪叹，重利弃义不足训。

庄辛——亡羊补牢未为迟

“亡羊补牢”这个成语我们自是耳熟能详的，但这个成语源自何人何事，您可知晓？它出自《战国策·楚策四》。具体而言，来自于庄辛劝谏楚襄王的说辞之中。庄辛，楚臣，为楚庄王后裔，故以庄为姓，言辞犀利，善于进说。楚襄王比庄辛有名，不是以治国安邦闻名，而是以单相思闻名，“襄王有梦，神女无心”说的就是这位多情君王。楚襄王不仅思慕美人，还爱幸佞臣。庄辛见楚襄王腐化享乐、不顾国政，心生忧虑、直言劝谏，才有了亡羊补牢这一流传千古的经典成语。

楚国土地之广袤在战国七国中首屈一指，故有“横则秦帝，纵则楚王”之说，但到楚襄王执政之时，楚国屡遭挫败，迭失重城。面对耽于享乐的楚襄王，庄辛忧心如焚，对楚襄王说：“君王左边有州侯，右边有夏侯，随辇从驾有鄢陵君和寿陵君，您一味寻欢作乐，奢侈浪费，不理国政，继续下去郢必将处于危险之中。”这样的忠言无疑是逆耳的，楚襄王不满地说：“先生是老糊涂了，还是要在楚国妖言惑众呢？”面对楚襄王的讥讽与恐吓，庄辛毫无畏惧地答道：“臣下确实看到您这种行为的必然结果，并非妖言惑众。如果大王还继续宠幸这四个人，楚国肯定会灭亡的。臣下请求去赵国躲避，留在那里静观其变。”

庄辛去了赵国，在那儿住了五个月。这段时间里，秦国果然攻占了楚国的鄢郢、巫、上蔡、陈等地。流亡到城阳的楚襄王不由得想起了庄辛的预言，悔恨之余，忙派人驾车到赵国召请庄辛。楚使见到庄辛，说明了来意，庄辛并不多言，只是点头道：“好。”庄辛回到了楚国。楚襄王满面愧色地对庄辛说：“我当日不听先生之言，如今事情到了这种地步，该如何是好呢？”此时的庄辛没有咄咄逼人地责怪楚襄王，而是悉心劝慰：“臣下听说，看到兔子再放出猎犬，还不算晚；丢了羊再修补羊圈，也不算迟。臣下还听说，从前商汤和周武王凭借方圆百里的地方昌盛起来，而夏桀和殷纣拥有天下却终遭灭亡。如今楚国虽然小了，截长补短，也有方圆数千里，岂止是百里呢？”

“亡羊补牢”的成语由此千古流传，而庄辛的“听说”从现实和历史两个方面稳定了楚襄王七上八下的心。楚襄王的脸上露出愿闻其详的神情。庄辛忍不住暗中感慨：国难当头本是哀痛至极的，可是不因落难，君王怎肯听我之言啊？思及此，庄辛不失时机地对楚襄王说：“您难道没有看见蜻蜓吗？它有六足四膀，飞翔在天地之间，俯身捕食蚊虻，抬头饮用甘露，自由自在，与人无争，本以为没有祸患。哪里想到几岁的小孩儿，正用糖浆涂着丝网，要将它从两三丈高的地方粘下来，而将成为地下蝼蛄、蚂蚁的食物呢？

“蜻蜓是细小的飞虫，或许不值一提，黄雀比它大得多，也还是这样的下场。它俯啄米谷，仰栖茂树，振翅飞翔，自以为没有祸患，与人也没有什么争端。它不知道那些公子王孙，左手持弹弓，右手捏弹丸，正将它的脖颈作为射击的目标。顷刻之间，就落在公子王孙的手中。白天还在茂密的树林中嬉游，晚上就被加上各种调料做成菜肴。

“若说黄雀还小，大的天鹅也还是这样。它游于江海之上，栖息在湖沼之中，俯啄鲇鱼、鲤鱼，仰食菱角、荇菜，振奋羽翼，乘风高飞，翱翔于高空，自认为不会有祸患，和谁也没有争端。不知道射猎的人，正在修缮弓弩，制作羽箭，要将在七八十丈高的天空中飞翔的它射下来。天鹅被锐利的羽箭射中，随着清风从空中坠落下来。白天它还在江河遨游，晚上已被煮在鼎里。”

庄辛这由小到大的铺排，张扬恣肆，竟有汉赋之美，可惜楚襄王只懂得欣赏美人，对这从蜻蜓到黄雀再到天鹅的层层递进之意却是十分迷惑。满脸不解之色的楚襄王正在暗自琢磨时，听得庄辛话锋一转道：“天鹅之事还算是小事，大至蔡圣侯之事依旧如此。他南游高陂，北登巫山，饮马茹溪，食鱼湘江，左手抱着年轻的姬妾，右手搂着宠爱的美人，与她们在高蔡乘车游乐，而不把国事放在心上。他哪里想到楚将子发正接受楚宣王的命令，将用红色的绳索捆上他去见楚宣王。

“蔡圣侯的事不算小事的话，君王您的事何尝不是这样？您左边是州侯，右边是夏侯，车后跟随着鄢陵君和寿陵君，吃的是封地的米粮，载的是国库的钱财，和他们在云梦泽中纵马驱车，游猎玩乐，却不把国事放在心上。哪里知道穰侯正接受秦昭王的命令，准备率军攻占黾塞之南，而把君王您驱赶到黾塞之北呢？”

这下楚襄王不仅听懂了，还吓坏了，只见他脸色大变，浑身发抖，原来庄辛不是在讲“舌尖上的中国”，而是在警示自己也快成为别人的“盘中餐”了啊。缓过神来的楚襄王，授予庄辛执圭的爵位，封其为阳陵君。不久，在庄辛的帮助下，楚襄王收复了淮北的土地。庄辛用自己的实际行动演绎了何为“亡羊补牢，未为迟也”。

庄辛这番言论由物及人、环环相扣，层层推进、直指要害，固然精彩非常、振聋发聩，但其实今日的侃侃而谈和当日的一语中的毫无二致，都是告诫楚襄王勿享乐，知忧患，远小人，重国事。何以当日被视为妖言惑众，今日被奉为不移至理？不过是因为楚襄王的耳朵听到的是他想听到的而已。

范雎——进献良策强王权

在战国诸侯争霸的狼烟中，秦国最终吞并六国，成为中国历史上第一个统一的帝国。策士们为秦国的一统天下立下了不朽之功，如商鞅变法使秦国从蛮荒之国变成军事强国；张仪破纵连横之计使各国由抗秦变为亲秦；范雎远交近攻之策使秦国国力日强。无独有偶，这三位为秦统一大业做出贡献的策士皆是他国人才。

范雎，字叔，魏人。因家贫无法得见魏王，而投于中大夫须贾门下。曾随须贾使齐，得齐王赏识，赐其金玉牛酒，范雎未受，却被须贾怀疑通齐卖魏。回国后魏相魏齐知其事，亦大为震怒，将他打成残废。后范雎化名张禄，随秦国使者王稽入秦。在秦待命年余，献书秦昭王，巧进说辞，昭王读之大喜，立即派人用专车召范雎进宫。秦王在宫殿前的庭院里迎接他，恭敬地说：“我早就该亲自聆听您的教诲了。当时正赶上义渠国的战事紧急，我每天忙于向太后请命。现在义渠国的事情已经解决了，我才有机会亲自接受您的教导。我为没能及时接见您感到遗憾，请让我用宾主之礼来接见您吧！”范雎辞谢退让。众人见久坐冷板凳的范雎竟受秦王如此礼遇，不禁对他另眼相看。这还只是人前的礼遇，在无人之时，秦王更是执礼甚恭。

秦王屏退左右侍从，宫中只有他们两人时，秦王便向范雎请教：“先生用什么教导我呢？”范雎应声道：“是是。”过了一会儿，秦王再次请教他，范雎还是说：“是是。”像这样连续三次。秦王长跪道：“先生不屑教导我吗？”范雎谢罪说：“不敢这样啊。我听说吕尚遇见周文王时，他只不过是一个在渭水边钓鱼的渔翁罢了。像那样的情况两人的交情是很浅的。后来文王听了他的一席话，就任命他为太师，君臣同车而返，这是因为文王被吕尚的话深深打动。后来文王果然因为重用吕尚而成就功业。如果文王当时疏远吕尚，不愿和他深谈，那就是周朝没有做天子的德行，而文王、武王也不能得他相助成就王业了。现在我是一个客居的臣子，与大王的交谊是很浅的，但我所要陈说的，都是匡正大王政务不当的大事，牵扯到您的骨肉亲情，虽然我愿效愚忠，却不知道大王您的心意，所以大王连问我三次，我都不敢回答。并不是我有所畏惧而不敢直言，我知道今天在大王面前说了这些，明天可能就要遭到诛杀，但我也并不因此而感到害怕。大王能采纳我的言论，死也不算是我的忧患，逃亡也不足以让我担心。死是任何人也避免不了的，面对必然要来的死亡，只要对秦国小有裨益，这就是我最大的心愿了，我还有什么可顾虑的呢？我所担心的是我死以后，天下之士见我尽忠而身死，从此闭口不言、裹足不前，不敢到秦国来为您效力了。”

尽管秦王谦恭有礼，但范雎有过忠而被疑的经历，他深知想一展抱负必须先获得秦王的信任。他的这一番欲言又止的铺垫，在吊足秦王胃口的同时，也为自己的切入主题做了必要的铺垫。果然，秦王听了范雎的话后，露出一脸“那您何妨直言”的表情。范雎看着秦王继续说道：“现在大王您对上畏惧太后的威严，对下被奸臣的媚态所迷惑；住在深宫之中，离不开保姆师傅的照料，终日昏头昏脑，没人向您说明奸诈之事；那些奸诈的事情，大则使国家覆灭，小则危及自身，这才是我所恐惧的。至于穷困羞辱，生死忧患，我是不畏惧的。如果我的死能换来秦国的政治清明，那就比我活着还要好呢。”

范雎的话已见锋芒，秦王跪着说：“先生这是说的哪里话呢？秦国地处偏远，我又愚笨无能，幸而先生来到这里，这是上天要让我来打扰先生，而使先王的宗庙祭祀得以保存啊！我能有幸聆听先生的教诲，这便是上天宠幸先王而不忍丢弃他们的后代。先生您为什么说出这样的话来呢？不论事情的大小，上到太后，下到群臣，希望先生一概教导我，不必怀疑我的诚意，不要对我有什么不放心。”范雎听到了秦王的许诺，心中欣喜，向秦王再次拜谢，秦王也再次回拜。

再次开口时，范雎直陈秦国策之失，指出秦国地不小、力不弱，本应图谋霸业，却没有作为，是因为穰侯没有忠心地为国家出谋划策，而秦王的决策也有失误。这样的直言不讳令秦王面露愧色。昭王诚恳地说：“希望听听我失误的地方。”范雎说：“大王越过韩国和魏国去攻打强大的齐国，这就是失算啊。出兵少不足以损伤齐国，出兵多又有害于秦国。我猜想大王的计策是秦国少出兵，而让韩国和魏国全力以赴，这是不妥当的。如今明明知道盟国并不可靠，还越过它们去攻齐，这可行吗？这分明是谋划不周啊！从前，齐军去攻打楚国，打了胜仗，攻破楚国的军队，杀死楚国的将领，得地千里，最终却连寸土也没有得到，难道齐国不想要土地吗？是形势不允许啊。诸侯看到齐国军队疲惫不堪，君臣又不和睦，就出兵攻打齐国，导致齐湣王出走，齐军大败，遭到天下人的耻笑。之所以会这样，是因为齐国攻打楚国，实际上却壮大了韩、魏两国的势力。这就是通常所说的借给强盗武器，送给小偷粮食啊。大王不如结交远方的国家而去攻打邻近的国家，这样得寸土就是大王的寸土，得尺地就是大王的尺地。如今舍弃近处而去攻打远方，不是犯了严重的错误吗？”

这鞭辟入里的分析、远交近攻的妙计令秦昭王心悦诚服。但这只是范雎进言的第一个主题，下面还有一个更为敏感而重要的主题。范雎说：“我在魏国的时候，只听说齐国有田单，却没有听说齐王。只听说秦国有宣太后和穰侯、泾阳君、华阳君，却没有听说有秦王。能总揽国家大权的才算是王，能决定国家利害的才算是王，能掌握生杀予夺大权的才算是王。如今宣太后独断专行、无所顾忌，穰侯派遣使臣不向大王禀报，泾阳君、华阳君自作主张随意处治他人，四位权贵横行而国家不发生危险，那是不可能的。国家在这四个人的治理之下，大王的地位处于四人之下，这就是我们说的秦国没有君王啊。这样下去，大权怎么会不旁落，大王怎么能发号施令呢？”

秦王听得额头直冒汗，范雎知道自己的话戳中了秦王的要害，继续说道：“我听说‘善于治理国家的，对内要巩固其威信，对外要加强他的权力’。现在穰侯的使臣凭借大王的权势，分割诸侯的土地，分封爵位，征伐敌国，天下不敢不听从。打了胜仗，利益就归到穰侯的封地陶国去，国家却衰敝了，受制于其他诸侯。打了败仗，则受到百姓的怨恨，灾祸归给国家。《诗》上说：‘树上果实繁盛会压断树枝，树枝断了就会伤害到树心。封邑过大，会危害国家；臣子过于尊贵，君王必然卑弱。’淖齿在齐国专权，抽了齐湣王的筋，把他吊在宗庙的大梁上，过了一个晚上才死掉。李兑在赵国当权，把主父赵武灵王困在沙丘宫，不供应粮食，减少主父的食物，一百天之后主父就饿死了。当前秦国由太后、穰侯掌权，加上高陵君和泾阳君辅助，他们都不把大王放在眼里，这些人和淖齿、李兑是一类人啊。我现在看到的是大王您在朝廷上孤立无援，恐怕后世统治秦国的，不会是大王您的子孙了。”

如果说远交近攻之计触犯了秦王的颜面，那么杜私门、强公室之策则触动了秦王的心。范睢将他的隐忧言破，那些血淋淋的教训令秦王恐惧而不安，他何尝不为自己的困境烦恼呢？但烦恼归烦恼，他对自己强势的母后和大权在握的至亲，有着惯性的依赖和妥协。范睢先前再三推辞的态度和犹在耳边的警告，让秦王知道目前局势已到了当断不断、反受其乱的地步，于是他果断采取措施，废掉太后，驱逐穰侯，让高陵君回到封邑，把泾阳君赶出函谷关。范睢因对外远交近攻、对内加强王权的策略为秦昭王所重，被封为应侯、拜为秦相。继秦孝公与商鞅、秦惠王与张仪之后，秦昭王与范睢又一次君臣合璧为秦一统天下奠定了坚实的基础。如翦伯赞所说，昭王末年“秦对六国的斗争已取得决定性胜利”。几代明君贤相孜孜以求的不懈努力才成就了大秦帝国的千古辉煌，可叹的是这耀眼夺目的辉煌太短暂，秦二世而亡，烟火般照亮了夜空，警钟般哀鸣了千载。

苏代——辩才无碍显声名

苏代，战国时纵横家。东周洛阳人，苏秦之弟（一说苏秦之兄）。苏秦死后，苏代继之，在燕、齐两国任客卿。曾为燕王制定以楚、魏为援国，共制齐、秦的策略，但总体而言仍是合纵之计，并无创新。其人颇有辩才，名显诸侯，赵燕将战解燕国之危，雍氏之役解周君之忧，巧使魏国太子出任相国，智说魏王留田需于魏，等等，桩桩件件都显示出他无碍的辩才。

战国时代的策士们凭借自己那三寸不烂之舌实现平步青云的梦想，他们往往是重利轻义的，但有时或出于惺惺相惜之心，或出于互相提携之意，也会用自己的智谋和辩才去帮助其他策士，比如苏秦暗助张仪成为强秦的客卿，陈轸计助犀首为五国之相，等等。苏代也曾凭借其辩才无碍和足智多谋，助田需为魏王所用。

田需想留在魏国，苏代为他游说魏王。当时魏王身边已有田文（孟尝君）和犀首（公孙衍）这样出谋划策的能人了，在这种情况下如何使魏王接纳田需呢？苏代采取了旁敲侧击的推荐方式，他对魏王说：“我心中有些困惑想和大王说说。”魏王一听智谋过人的苏代需要自己解惑，来了兴趣，连忙表示愿闻其详。苏代故意皱起眉头，问魏王道：“大王您认为田文在魏、齐两国中，对哪个更尽力呢？”魏王不假思索地回答道：“他对魏国不如他对齐国尽力。”苏代又问：“那公孙衍在魏、韩两国之间，对哪个更尽力呢？”魏王说：“他对魏国不如他对韩国尽力。”魏王会给出这样的答案是苏代意料之中的，毕竟田文本是齐国贵族，而公孙衍虽是魏国人，但为秦国大良造时曾谋划攻魏。苏代点点头，说：“您说得对啊！公孙衍必会亲近韩国而疏远魏国，田文必会亲近齐国而疏远魏国。”说完长叹了一声，继续说道：“他们两个人将利用大王您的国家在诸侯中行事。办事时保持中立是很难做到的，发生什么问题，大王将无从知晓。大王的国家就如同重病垂危的人，急需医治。”这下轮到魏王愁眉不展了，苏代知道自己的话唤起了魏王的危机意识，赶紧不失时机地将田需隆重推荐出来，说道：“大王您不如将田需安置在身边，利用他来考察他们的所作所为。当他们有所动摇时不免会想：‘田需不是我的人，我办事如果不利于魏国，田需一定会在大王面前指责我。’这样他们就一定不敢有外心了，大王您也就可以知道他们的所作所为是有利于魏国还是不利于魏国了，我私下里觉得这种安排对国事有利，您认为如何呢？”魏王觉得苏代的说法很有道理，便说：“好吧。”就这样，魏王将田需安置在了身边，后来还让田需做了魏国的相国。

这个小故事虽然让我们见识到了苏代的智谋与辩才，但是可能还不足以令我们对他印象深刻，那么就用众所周知的成语“鹬蚌相争，渔翁得利”来加深我们对他的印象吧。当时，赵国准备攻打燕国，苏代为解燕国的危机去劝赵王。这一次，苏代并不急着展示他的雄辩之才，而是讲起了他在路上所遇之事。他对赵惠文王说：“今天我来的时候，经过易水，正好看见一只河蚌出来晒太阳，巧的是这时飞来了一只鹬鸟，鹬鸟怎么能放过近在眼前的美食呢？它上前啄住了河蚌的肉。正享受温暖阳光的河蚌受到攻击自然要启动自我保护机制，于是河蚌合拢起来夹住了鹬鸟的嘴。鹬鸟挣扎着想脱身，可是河蚌咬得太紧，鹬鸟无法脱困，因而恨恨地说：‘今天不下雨，明天不下雨，就会有只死蚌。’河蚌倒也无所畏惧地对鹬鸟说：‘今天不放你，明天不放你，就会有只死鹬。’就在它们互不相让的时候，渔夫看到了它们，轻轻松松地将它们一起抓住了。”苏代在赵将伐燕之时讲了这样一个有太多巧合的“故事”，显然是别有深意的。赵惠文王并非昏君，料想苏代此话定有弦外之音。果然，苏代见到赵王面带思索之色，便缓缓点题，道明来意：“如今赵国准备进攻燕国，燕国自然不能坐以待毙。这样燕、赵两国就将长期对抗，而使百姓疲惫不堪，这不正像那互不相让的河蚌和鹬鸟一样吗？它们都想战胜对方，却都忽略了渔翁的存在。我担心强大的秦国就要成为渔翁了，轻易地从中得利，所以希望您能仔细考虑这件事。”面对如此形象的比喻、如此客观的现实，赵惠文王明智地说：“好。”于是下令停止进攻燕国。一场将爆发的战争就此消弭，一个“鹬蚌相争”的故事从此流传千古，而我们也记住了辩才无碍的策士之名——苏代。

苏代用自己的智慧和辩才助人成功、解别国于危难而得以名传千古，这些是我们于史可寻的。然而，史书的价值不只是客观陈述历史，更重要的是垂范后世、发人深省。在那千古流传的“鹬蚌相争”的故事中，我们是不是也看到了自己的影子？人在局中，往往贪嗔痴而欲罢不能，一如互相伤害着的鹬与蚌，宁愿两败俱伤，也不肯试着放下，给自己走向幸福的机会。身在局中的赵王如果没有善于倾听的耳朵，旁观者清的苏代恐怕也徒唤奈何了。苏代点醒了赵王的寓言故事是否也能唤醒我们的一念执着？

智术之士

吕不韦——居奇货福祸相依

秦始皇兼并六国一统天下，建立了秦朝。这其是包含着秦国历代国君和众多谋士的努力和贡献，吕不韦就是其中之一。吕不韦，姜姓，吕氏，名不韦，卫国濮阳人，战国末年一个传奇的风云人物。身为商人的吕不韦，凭借独到的目光和不凡的胆识，做成了一桩大生意，由此实现了从囤积居奇的精明商人到大权在握的秦国丞相的转变。他的飞黄腾达、他的落魄自杀，休戚相关的正是其所居的“奇货”。

吕不韦的“奇货”是什么？是良田万顷，还是稀世珍宝？这些被一般商人视为“奇货”的东西，吕不韦却不曾放在眼中，而他看中的“奇货”在普通人看来实在是乏善可陈，他的“奇货”不过是一个做人质的落魄公子。当时，吕不韦在赵国邯郸做生意，见到了秦国送到赵国做人质的公子异人。吕不韦回到家里问父亲：“种田赢利有几倍？”父亲回答：“十倍。”吕不韦再问：“做珠宝生意赢利有几倍？”父亲回答：“一百倍。”吕不韦又问：“拥立国君赢利有几倍？”父亲回答：“无数倍。”就在父亲正疑惑吕不韦何以问这些问题时，吕不韦说："如今努力耕种，还是不能吃饱穿暖，但拥立国君，得到的利益却可以传给后世。我想去做这种生意。"原来，吕不韦在公子异人身上看到了重大商机。

秦国公子异人在赵国做人质，住在聊城。吕不韦特地前往游说异人："秦国太子子傒即将继承秦国大业，他母亲又在宫中得宠，可做后盾。而您没有在宫中得宠的母亲，自己又吉凶未卜地寄居在外。一旦秦赵两国关系破裂，您就将性命难保。"听了他的话，异人露出不安的神色。吕不韦不失时机地接着说："假如您愿意听我的安排，先谋求回国，就将有机会掌握秦国的大权了。我替您去秦国活动，一定会让他们来请您回去的。"吕不韦是一个商人，却只关心对方的利益，如此毫不利己专门利人的行为岂不奇怪？异人并非无知小儿，他自然知道吕不韦意欲何为，只是自己的处境的确如吕不韦所言，尴尬而危险，与其一步步陷入死地，不如同吕不韦合作，放手一搏。于是，吕不韦签下了他一生中最重要的"合同"，公子异人正式成为他的"奇货"。

既然有了货物，剩下的就是力争将货物卖个大价钱了。吕不韦开始了他周密的商业运作。吕不韦先去向秦国王后华阳夫人的弟弟阳泉君游说："您已经犯了死罪，您知道吗？您门下的人都官高位尊，太子门下的人却没有一个高官显贵。您的府库中藏着珍珠宝玉，您的马圈里养着许多骏马，您的后庭里住满了美女。如今大王年事已高，一旦驾崩，太子即位，那么您的处境比堆积起来的鸡蛋还危险，您的寿命比朝荣夕枯的木槿花还要短。我有一个权宜之计可以使您富贵千秋，安如泰山，没有一点危亡的祸患。"这番单刀直入的话，听得阳泉君如坐针毡，吕不韦峰回路转的最后一句说完，阳泉君便从座席上起来，请求指教。吕不韦说："大王年事已高，王后又没有儿子，子傒有继承大业的权利，还有士仓辅助。大王一旦驾崩，子傒即位，士仓掌权，那时王后一定会受到冷落。

公子异人是贤能之才，如今被遗弃在赵国做人质，宫内的母亲又不得宠，他常仰首西望，盼望着能回到秦国。王后如果能请求大王立异人为太子，公子异人就由被弃置国外变成回到国内，王后也从没有儿子变成了有儿子。”吕不韦不愧是精明的商人，处于劣势和改变窘境正是异人和王后的相通之处，双方合作变成了负负得正。阳泉君接受了这两全其美的计策，进宫去劝说王后，王后于是请求秦王把异人从赵国接回来。

在阳泉君劝说王后的时候，吕不韦也忙碌着。赵国不愿放异人回国，这亦在情理之中，异人既然是人质，赵国怎么能没得到好处就放回去呢？吕不韦劝说赵王道："公子异人是秦王宠信的儿子，虽然母亲在宫中不得势，但王后却想把他收作儿子。假如秦国想要消灭赵国，不会顾忌一个儿子而停止进攻，赵国挟制这个人质又有什么用呢？假如让公子异人回国被立为太子，赵国再用厚礼送行，这样他一定不会忘记赵国的恩情，他自会以德相报而与赵国交好。秦王老了，一旦驾崩，赵国即使扣留了异人，也不足以和秦国交好。”赵王想：这话不无道理啊，抓着一个没了爹的儿子还有什么用呢？没人来付“酬金”了啊！还不如卖个人情、留个后路呢！于是热热闹闹地将异人送回了秦国。

异人做梦似的回到了秦国，对吕不韦又是感激又是敬仰，也更加言听计从了，他按照吕不韦的设计，穿着楚人服装去拜见王后。王后一看见他就露出惊喜的神情，表示很喜欢他的装束，还大力夸奖他聪慧，并无限感慨地说：“我本是楚国人啊。”吕不韦用自己的高智商催化了王后的高情商，王后欢喜地认异人为自己的儿子，还把他的名字改为“楚”。“以情动人”的手段巩固了异人与王后的联盟。

一切按照计划顺利进行，现在就剩下最后一步——让秦王立异人为太子。这最后一步，也是最关键的一步，吕不韦再次展现出商人特有的精明与敏锐。秦王虽贵为一国之君，但其实也和平常的父亲一样，对孩子的学习情况格外关注。秦王想了解一下这个重回到身边的儿子子楚书读得怎么样，让他诵读念过的书，子楚谦恭地说："我从小被遗弃在国外，没有师傅教导，不善于诵读。"秦王听了心中不由得一酸，毕竟是自己的儿子啊，对这个多年流落在外的儿子怎能不心怀歉疚呢？便将子楚留在宫里居住。就这样吕不韦不仅让子楚回到秦国，还让他留在了王宫之中。只有留在秦王身边，才能有大展宏图的机会啊。一次，子楚趁机对秦王说："大王也曾在赵国停留过，赵国才能出众的人，多闻大王之名。如今大王返回秦国，可他们都还向西仰望着大王您。大王不曾派过一个使臣去慰问他们，我担心他们都心有怨恨。不如让边境的关卡早闭晚开，加强警戒。"秦王认为有道理，惊奇他有这样的心计。这时已将子楚视为自己儿子的王后也不时劝秦王立他为太子。秦王于是召见丞相，下令道："我的儿子中没有哪个比得上子楚的。"便将子楚立为了太子。

吕不韦言而有信地将落魄公子异人变成了太子子楚，现在只要静待他的"奇货"化茧成蝶，登基为王，便是自己获利之时。后来子楚即位，是为庄襄王，成为名副其实的"奇货"。庄襄王投桃报李，任命吕不韦为丞相，号为文信侯，封给他蓝田十二个县邑。王后也获得了应有的回报，被尊为华阳太后，诸侯纷纷送给秦国城邑作为华阳太后的养地。

故事如果在这里画上句点，吕不韦的奇货可居之计名利双收堪称完美。可是，随时光延伸的现实让我看到的不仅是心想事成，还有福祸相依。庄襄王即位三年之后死去，小太子赵政继立为王，即大名鼎鼎的秦始皇，大权独揽的吕不韦被尊奉为相邦，尊称为"仲父"。至此，吕不韦所居之"奇货"已使他获得了高额回报。然而，物极必反，福祸相依。秦王政即位的第九年，淫乱秦宫的嫪毐想发动叛乱，事败后秦王政诛灭其三族。嫪毐，初为吕不韦门客，后因得太后宠幸，封为长信侯。吕不韦因此被罢去相位，在流放途中自杀。这就是吕不韦繁华一梦的人生，奇货可居成传奇，福祸相依终成空。

冯谖——市义营窟保君安

战国时代是士人成就传奇人生的时代。出身寒微的士人可以凭借自己的才智成就功业、大显其才。冯谖，战国时期齐国人，曾穷困潦倒、生活无着，后投于孟尝君门下，为其出谋划策、市义营窟，使孟尝君终身无祸，也令自己名扬千古。

生活困顿的冯谖穷得不能养活自己，无奈之下托人向孟尝君请求，希望投靠到孟尝君门下做食客。孟尝君以好养士闻名于世，但却有自己的待客之道。孟尝君习惯将门客按能力大小分为上、中、下三等，各个等级的待遇不同：上客吃饭有鱼，外出乘车；中客吃饭有鱼，外出无车；下客粗茶淡饭，外出自便。因此，孟尝君问初来乍到的冯谖："客人有什么爱好？"冯谖答："没有什么爱好。"孟尝君又问："客人有什么才能？"冯谖答："没有什么才能。"孟尝君对冯谖的回答暗暗惊奇，这真是一个特别的食客，如此坦荡而诚实地承认自己的"平庸"，这样有意思的人怎能不留下来呢？孟尝君笑着接受了冯谖的请求，说："好吧。"孟尝君对冯谖的态度不冷不热，这使左右的人觉得孟尝君看不起冯谖，就随便拿些粗劣的饭菜给他吃。

过了不久，冯谖靠在廊柱上，弹着自己的佩剑歌唱道："长剑啊，咱们回去吧！吃饭没有鱼啊。"随从们把这件事告诉了孟尝君。

孟尝君听了，不觉又笑了笑，这冯谖果然是个有意思的人，就说："给他鱼吃，把他当中等门客对待吧。"又过了几天，冯谖又弹着他的剑，唱道："长剑啊，咱们回去吧！出门没有车坐。"左右的人都讥笑他，把这事报告给了孟尝君。孟尝君依旧笑着说："给他备车，把他当上等门客对待吧。"于是冯谖乘着他的车，高举着他的剑，拜访他的朋友说："孟尝君把我当客人对待。"就在大家觉得这个没事就弹剑而歌的冯谖占尽便宜时，冯谖再一次弹着他的剑，唱道："长剑啊，咱们回去吧！没办法养家啊。"左右的人都很讨厌他，认为他贪心不足。孟尝君却问："冯先生有家人吗？"随从回答说："有位老母亲。"孟尝君便派人供给她衣食费用，不让她缺少什么。大家都觉得孟尝君对冯谖实在太宽厚了，这样下去冯谖还不知道又要唱什么呢。可是从这以后冯谖居然再也不"唱歌"了，变得十分低调，以至于大家都渐渐忽略了他的存在。

后来孟尝君贴出一张告示，向门客们征询："谁懂得会计，能替我到薛地去收债呢？"冯谖上书说："我能办到。"孟尝君看了感到很奇怪，问道："这个人是谁呀？"左右的人说："就是那个唱'长剑啊，咱们回去吧'的人啊。"孟尝君笑着说："这位客人果然有本事啊，我亏待了他，还从来没有接见过他呢。"就请冯谖来见面，向他道歉说："我被各种事务困扰得很疲倦，加上本性怯懦愚笨，沉溺在国事家事之中，得罪了先生。先生不见怪，还愿意替我到薛地去收债吗？"冯谖说："我愿意去。"于是就准备车马，置办行装，带着收债契约准备上路，向孟尝君辞行时冯谖问道："收完债，买些什么东西回来呢？"孟尝君说："看家里缺什么就买什么吧。"

冯谖驱车到了薛地，派官吏召集应当还债的百姓前来核对债券。债券全部核对完毕后，冯谖站起身来，假传孟尝君的命令，宣布免除百姓所欠的债务，并当众烧毁了那些债券，百姓们高兴地欢呼万岁。处理完事情，冯谖驱车赶回齐国都城临淄，一大早就去求见孟尝君。孟尝君对他这么快回来感到奇怪，穿戴好衣帽出来见他，问道："债都收完了吗？怎么回来得这么快！"冯谖答："收完了。"孟尝君又问："买什么东西回来了？"冯谖说："您说'看家里缺什么就买什么吧'。我私下考虑，您家里堆满了珍宝，良狗骏马充满了棚圈，美女站满了堂下。您家里所缺少的只有义啊！我就为您买回了义。"孟尝君觉得莫名其妙，问道："买义是怎么一回事呢？"冯谖说："如今您有小小的薛地，不把那里的百姓当作自己的子女一样爱护，却像商人一样从他们身上谋利。我假托您的命令，把债款赏给那些百姓，烧了那些债券，百姓高呼万岁。这就是我为您买的义。"孟尝君听了很不高兴，派你去收债，一分钱也没给我带回来，还这么一大早把我叫起来听你讲了半天毫无用处的"义"，于是对风尘仆仆的冯谖说："好，先生下去休息吧！"

过了一年，冯谖特意为孟尝君买回的"义"终于显现出了价值。齐湣王对孟尝君说："寡人不敢把先王的大臣当作自己的臣下。"用现在的话说，就是孟尝君被解聘了。孟尝君只好回自己的封地薛邑。距离薛地还有一百里时，就见百姓扶老携幼在路旁迎接。百姓们的拥戴欢迎让失意的孟尝君备感温暖，他回头对冯谖说："先生为我买的义，我今天算是看到了。"

冯谖回答道："狡猾的兔子有三个窝，仅仅可以免掉一死罢了。现在您只有一个洞穴，还不能高枕无忧。请让我为您再凿两个洞穴。"此时孟尝君对冯谖的才能再无怀疑，马上给了他五十辆车，五百斤黄金。冯谖便到西边的魏国去游说，对魏惠王说："齐国放逐了他的大臣孟尝君，给了天下诸侯机会，先得到他的诸侯国，一定会国富而兵强。"于是魏王空出最高的职位，把原来的相国调任为上将军，派遣使者，带着黄金千斤，战车百辆，前去聘请孟尝君。冯谖抢先驱车回到薛邑，对孟尝君说："千斤黄金，是贵重的聘礼；百辆车子，是显赫的使者。齐王大概听说这件事了。”言外之意就是你不能跳槽到魏国，我们现在得摆出高姿态来给齐王看，让他知道他对你弃之如敝屣，在别人心里你孟尝君却是千金难求的珍宝。就这样魏国使者往返多次，孟尝君都坚决推辞不就。

听到这些情况，齐王十分恐慌，忙派遣太傅送去黄金千斤，彩车两辆，佩剑一把，并带去了向孟尝君道歉的书信，信中说：“寡人不好，遭到祖宗降下的灾祸，听信阿谀之臣，得罪了您，寡人不值得您效力。希望您顾念先王的宗庙，还是回国来治理百姓好吗？”冯谖知道第二个洞穴算是造好了，但此时孟尝君还不能轻易复职，这齐王既然能罢免你一次，那么就可能有第二次。因此必须提前做好准备。冯谖告诫孟尝君说：“要求得祭祀先王的礼器，在薛邑建立宗庙。”此时的齐王对孟尝君自是有求必应。一切按照冯谖的计划一步步发展着，宗庙建成后，冯谖回来向孟尝君报告说：“三个洞穴都已经凿成，您可以高枕无忧，过快乐舒心的日子了。”此后，孟尝君在齐国做了几十年相国，仗着冯谖的计谋，没有遇到丝毫的灾祸。

如果没有冯谖，孟尝君可能会郁郁寡欢地在薛地度过余生；如果没有孟尝君，冯谖可能会一生庸庸碌碌。孟尝君的容人雅量、识人之才，冯谖的才智计谋、敢作敢为，使相遇的两人发生了奇妙的“化学反应”，成就了各自的传奇。人生有无限的可能性，重要的是如何审时度势、不失时机地把“如果”变成“现实”。

司马憙——逢凶化吉善自保

司马憙，战国时期中山国的大臣，中山王最宠信的臣子，前后三次出任中山国的相国，可谓政坛常青树。但是，这棵君王倚重的大树在其他人眼中却是一株“毒草”，共事的朝臣举报他，国君的宠妃忌恨他。尽管司马憙的仕途并非一帆风顺，但是他总能化险为夷、逢凶化吉。

且来看看这位官场“不倒翁”是如何在历次风波中转危为安的。司马憙不是个满足现状的人，而是一个喜欢主动出击的人。为了能出任中山国的相国，他让赵国替自己谋求相国的职位。公孙弘暗中知道了这件事。这公孙弘本来就看他不顺眼，现在既然有了他私通外国为自己谋取利益的证据，岂能轻易放过他？一天，中山国国君外出，司马憙驾车，公孙弘陪乘。这样的天赐良机怎能不好好利用呢？公孙弘决定提醒一下一无所知的国君，吓唬一下胆大妄为的司马憙，对国君说：“做人臣子的，利用大国的威势为自己谋求相位，大王您认为这种人怎么样？”国君恨恨地说：“我把他杀了，吃他的肉，还不把肉分给别人。”司马憙刚才听到公孙弘问国君的问题，就知道大事不妙了：自己的如意算盘打得太响，都让公孙弘听到了，他这是想鼓动国君将我杀掉啊！果然，国君给出了公孙弘希望得到而司马憙害怕听到的答案。司马憙怎能让公孙弘“实名举报”而坐以待毙呢？急中生智的他为了防止自己落到“抗拒从严”的悲惨境地，决定主动招供，争取“坦白从宽”。于是，急忙在车前的横木上叩头说：“臣下自知死期到了。”中山君问他：“为什么这样说呢？”司马憙说：“臣下应当受罚。”国君看看自己宠爱的臣子，沉默了一会儿说：“走吧，我知道了。”司马憙凭借着自己的机智，利用国君的宠爱，保住了自己的脑袋和身上的肉。

如果只是这样还算不得高明，司马憙的主动坦白，不只是要保住自己的身家性命，而且还要反将公孙弘一军。过了一段时间，赵国的使者真的来到中山国，为司马憙谋取相位。中山国国君不由得眉头紧锁，怎么这么巧呢？难道是公孙弘暗中与赵国来往，故意陷害司马憙？公孙弘这哪里是举报，分明是自找麻烦。司马憙没被治罪，公孙弘反倒被迫逃往国外。一场生死攸关的危机就这样被司马憙轻轻松松地化解了。

这政敌容易打发，国君的宠妃可就不那么好对付了。“枕边风”的威力可比大臣进言大得多，美人香风虽小，却袭人骨髓，多少人成因此风、败因此风。司马憙也不知道自己为什么那么不招中山王宠妃阴姬的待见，但他却深知阴姬的言行与自己的仕途显达关系密切。如何解决阴姬和自己之间的矛盾呢？在司马憙为此焦虑之际，机会悄悄地来了。有后宫的地方，总有宫斗。此时，中山王两位美丽的宠妃阴姬和江姬正为中山国王后的宝座明争暗斗。心机深沉的司马憙知道这是该出手的时候了。

司马憙去对阴姬的父亲说：“立后的事情如果能够成功，您就会得到封地，统治百姓；如果不能成功，恐怕就会性命难保。您难道不想使事情成功吗？想要成功，为何不来见我呢？”阴姬的父亲自然知道争后之事的成败关系重大，却没料到司马憙会主动前来助阵。谁都知道阴姬最厌恶司马憙，没想到司马憙不但没有趁机搞破坏，而且还在紧要关头出手相助。阴姬的父亲叩头说：“事情果真像您说的那样，不用说，我也会事先向您道谢。”言下之意，对立双方由此结为联盟。

接下来司马憙便开始施展手段助阴姬夺得后位。他先向中山王上书说：“臣下已经有了削弱赵国、强大中山的办法。”中山王高兴地召见他说：“愿意听一听削弱赵国、强大中山的计谋。”司马憙说：“臣下希望到赵国去，察看那里的地理形势、险要关塞、人民的贫富、君臣的贤愚，比较双方力量作为参考，不能事先妄言。”中山王觉得司马憙的话很有道理，知己知彼方能百战不殆啊，便派他去赵国考察。司马憙见到赵王说：“臣下听说赵国是天下最擅长音律、盛产美女的地方。如今臣下来到赵国，进入都城邯郸，体察这里的风俗，倾听人们的歌谣，观看人们的容貌，却并没有看到特别美丽的女子。臣下周游各地，但从未见过有像中山阴姬那样的美人，不知道的人，还以为是仙女，她的美艳无法用言语来形容。她的容貌姿色本已超过了那些绝代佳人，至于说到她的眼睛、鼻子、面颊、眉宇、头型和额头，那真是帝王之后的长相，绝不该是诸侯的姬妾。”

自古英雄爱美人，何况这位美人不仅美得不可方物，而且兼具帝后之相？赵武灵王本就是个雄心勃勃的君王，对这样“旺夫”的美人不由得开始动心了，非常高兴地说：“我希望把她要来，怎么样？”司马憙被赵王问得心花怒放，自己不遗余力地夸赞阴姬收到了良好效果，这意味着自己的计划已实现了一半儿，事情正朝预定的方向发展着，阴姬立后之事指日可待。尽管心里得意扬扬，但是司马憙却表现得格外一本正经，他回答道：“臣私下见到她那样美丽，嘴上不自觉地说出来了。您想把她要来，这不是臣下敢议论的事，希望大王不要把这些泄露出去。”

司马憙辞别了赵王，回国奏报中山王说：“赵王并不是一个贤明的君王。他不重道德而好声色，不讲求仁义而崇尚勇力。臣下听说他竟然想要阴姬。”中山王脸色一变，很不高兴。有人惦记自己宠爱的漂亮老婆，这样的事谁听了会高兴呢？司马憙故作忧虑地说：“赵国是一个强国，赵王想要就一定会要。大王如果不给，国家社稷就会危险；给他，就要被诸侯嘲笑。”事关国家兴衰、男人尊严，赵王的恃强凌弱令中山王悲从中来，哀叹一声道：“那该怎样做呢？”司马憙见时机成熟，便“献计”说：“大王您何不马上立阴姬为王后？这样就断绝了赵王的邪念，世上还没有要人家王后的呢。即使赵王想要，邻国也不会答应。”中山王一听喜形于色，连连点头。于是，阴姬稳稳当当地坐上了中山国王后的宝座，而赵王也没有再提要阴姬的事。

司马懿自编自导了一场危机，又化解了这场危机，曲折却稳妥地将阴姬推上王后宝座后，阴姬与他自是化敌为友。把一个强大的敌人变成自己的盟友，不可谓不聪明。只是这份聪明里透着唯利是图的狡黠。或许这份狡黠使他在官场之上游刃有余，但这份狡黠亦使他在千载之后依然令人鄙薄。

蔡泽——力言盈亏夺相位

丑人多作怪，是指长相丑陋的人经常做出一些离奇古怪的事来为难别人。战国时期的游说之士蔡泽就是这样一个能作怪的丑人。蔡泽，燕人，相貌古怪而有奇谋。起初游说四方毫无建树，后时来运转计夺秦国相位。谋得秦国相位，是当时策士们的奋斗目标。辩才无碍的苏秦当初曾满怀雄心壮志而来，徒劳无功而返，何以蔡泽这个刚刚被赵国驱逐的人能一举夺得秦国相位呢？实在是这个丑人太会作怪，而他为难的不是别人，恰恰就是身为秦相的范雎。

在蔡泽没有作怪为难范雎之前，他一直被别人为难着。被赵国驱逐出境后，打算去韩国和魏国，落魄的他在途中又被人夺去了锅、鼎等炊具。人生得丑，运气还这样差，换作别人可能要怨天尤人了，可蔡泽却没有自怨自艾。这时，他听说应侯范雎推荐任用的郑安平、王稽都犯了重罪，范雎因此而惭愧不安。蔡泽心中暗想：贵为秦相的范雎也和我一样倒霉啊！感叹过后，敏锐的蔡泽意识到，范雎倒霉，岂不正是自己的机会来了？机不可失，时不再来，于是改变主意向西进入秦国，打算去拜见秦昭王。如果蔡泽这样按部就班地去游说秦王，那么就不能称其为奇人了。蔡泽先派人公开扬言:“燕客蔡泽是当今天下最能言善辩的策士。他若拜见秦王,秦王必任他为相,取代应侯。”

如此大张旗鼓地刺激正在烦恼中的范雎,令他想视而不见都不行。为什么呢?一是范雎声名在外,而这个蔡泽敢这般豪情壮语,令人无法等闲视之。二是秦昭王当初对客居的范雎礼遇有加,是位惜才的君主,对号称胜过范雎的蔡泽必定不会轻慢。这样一来,范雎如果不见,岂不失了先机?范雎派人召见蔡泽。蔡泽进来时,只向范雎拱手作揖而不跪拜。范雎本来就不高兴,又见他态度傲慢,因而责备他说:“您曾公开扬言要取代我担任秦国的相国,真有这回事吗?”这单刀直入的质问透着居高临下的威严和溢于言表的不满,蔡泽毫不掩饰地回答道:“是的。”蔡泽的倨傲和大胆令范雎反感而诧异,不由得说道:“那请让我听一听您的高论吧。”蔡泽看了看范雎,又是摇头又是叹息,说:“唉!您怎么如此迟钝呢?春夏秋冬四季交替,这是自然的规律。完成使命、功成名就的就该离去,让位给后面的。一个人活着,手脚灵便,耳聪目明,通达事理,这难道不是人人所希望的吗?”范雎虽不满于他的傲慢,但也认为此话有理,回答说:“对。”蔡泽继续说:“具备仁义的修养,把道义和德政推行到天下,老百姓就会对他心怀敬爱,愿意让他做君王,这难道不是能言善辩有智慧的人所期望的吗?”范雎说:“是。”蔡泽又说:“享受荣华富贵,治理天下,使万物各得其所;寿命长久,终享天年而不夭折;让天下继承他的传统,恪守他的基业,恩泽流布千古,后人称颂不绝,与天地相始终,这难道不正符合自然规律,而被圣人称作吉祥善事吗?”范雎一边称是,一边心中疑惑:这蔡泽来和我讨论自然天道干什么?

这时,蔡泽话锋一转道:“像秦国的商鞅、楚国的吴起、越国的文种,他们的结局也是人们愿望看到的吗?”范雎知道蔡泽想用谈话使自己处于窘境,于是说:“为什么不可以呢?商鞅侍奉秦孝公，忠心不二，赏罚分明，治理有方，甘受责怨，得罪旧友，为秦破敌军、夺地千里。吴起辅佐楚悼王，坚持正义，不惧毁誉，使楚国成为霸主强国。文种为越王办事，竭尽所能，不离不弃，功大而不夸耀，富贵而不骄纵。像这三个人的作为，实在是仁义之至、忠诚至极啊。所以君子甘愿牺牲自我以成就美名，为了大义，即使身死，也没有什么遗憾和悔恨，为什么不可以呢？”蔡泽听完范雎这无懈可击的辩词后，微微一笑说：“君主圣德，臣子贤能，这是天下的福气；君主英明，臣子忠诚，这是国家的福气；父亲慈爱，儿子孝顺，丈夫诚实，妻子贞节，这是家庭的福气。比干忠心耿耿，却不能保全殷商；伍子胥智慧过人，却不能保存吴国；申生孝顺忠实，却不能阻止晋国内乱。有忠臣孝子，国家仍然灭亡或混乱，为什么呢？因为没有英明的君主和贤良的父亲来听取他们的意见。天下人都以昏君愚父为耻辱，而同情怜悯忠臣孝子。如果等到死了以后才能立忠成名，那么微子就不能视为仁人，孔子也算不上圣人，管仲也不值得颂扬了。”蔡泽的话令范雎沉默半晌，而后叹息着说蔡泽的话讲得好。虽然忠不顾死值得称颂，但是谁又希望自己功成身死呢？

蔡泽心知有机可乘了，说道：“商鞅、吴起、文种，他们作为人臣，竭尽忠心建立功业，是人们仰慕的对象。闳夭事奉周文王，周公辅佐周成王，不也是忠心耿耿吗？从君臣关系看，商鞅、吴起、文种，比起闳夭、周公，谁更值得仰慕呢？”范雎答：“商鞅、吴起、文种比不上闳夭、周公。”蔡泽点头道：“那么您的君主在心地仁慈、信任忠臣、不欺旧友方面，与秦孝公、楚悼王和越王勾践比起来，谁更好一些呢？”范雎沉吟道：“还看不出来。”蔡泽直言不讳地说：“您的君主固然亲信忠臣，但不会超过秦孝公、越王和楚悼王。您为君主拨乱反正，排除祸患，开拓疆域，发展农业，使国富家足，君权强大，如今威盖海内，名传千里，但这也还不能超过商鞅、吴起、文种吧？可是您地位的尊贵、俸禄的丰厚，却超过了他们，您却还不引退，我暗自替您担心。俗话说：‘太阳过了中午就要慢慢西移，月亮到了满月就要渐渐亏缺。’事物发展到了极盛的时候就要衰退，这是自然常理。该进则进，该退则退，顺应形势而变化，这是圣人所说的常理。

“商鞅为秦孝公统一度量衡，颁布标准的度量衡器，调整赋税轻重，废除井田制，教百姓学习耕种和作战，出兵则能开疆拓土，休战则能国富民强。秦国因此天下无敌，威风八面。大功告成后，商鞅却受到车裂的极刑。秦将白起率领数万军队，与楚百万雄兵作战，一战攻下了鄢和郢，再战火烧了夷陵，南面吞并了蜀、汉，又越过韩、魏二国去攻打强大的赵国，坑杀了马服君子赵括，屠杀赵军四十余万人，血流成河，哭声震天，使秦国成就了帝业。大功告成后，他却被秦昭王赐死于杜邮。吴起为楚悼王罢免无能的官员，废除无用的制度，杜绝私人请托，统一楚国风俗，然后向南攻打杨越，向北并吞陈、蔡，破除连横，解散合纵，使游说之士无可乘之机。大功告成后，吴起却被肢解而死。文种为越王勾践大力垦荒，创建城邑，开辟田地，种植庄稼，率四方之士，合上下之力，打败了强大的吴国，成就了越国霸业。越王勾践却逼迫他自尽而亡。这四个人都是功成不退才招致横祸，这就是所谓能伸而不能屈，能进而不能退的人啊。范蠡懂得功成身退的道理，超然离去，成为经商致富的陶朱公而得以善终。

“您难道没看过赌博的人吗？有的想个人独吞，有的让大家分享。这都是您清楚的。现在您身为秦国的相国，定计不离座席，施谋不出朝廷，安坐而控制诸侯，使天下都畏惧秦国。秦国的欲望得到了满足，而您的功劳也达到顶点了，这也是让大家分享成果的时候了！如果此时不急流勇退，那么您的下场会和商鞅、白起、吴起、文种一样。您为什么不在这个时候归还相印，让位给贤能的人呢？

这样您定会获得谦让如伯夷的美名，长久地做应侯，享受荣华富贵，并且还能拥有王子乔、赤松子那样的长寿。这和获罪处死相比哪个更好呢？您该如何选择呢？”这番透辟的盈亏之道令范雎折服。蔡泽用不争的事实解读了何为功高之臣反招猜忌，所谓“狡兔死，良狗烹；高鸟尽，良弓藏；敌国破，谋臣亡”，即是如此。范雎此时恰因用人不当之事惴惴不安，蔡泽所言正中其曲折心事。至此，范雎对蔡泽的态度大为转变，请蔡泽上座，奉为贵宾。

过了几天，范雎上朝，对秦昭王说：“有位从山东来的客人蔡泽，是个能言善辩的人。我见过的人很多，但没有谁赶得上他，我也自愧不如啊。”秦昭王便召见了蔡泽，交谈之后，对他非常欣赏，拜他为客卿。范雎于是称病辞官，请求归还相印。虽然秦昭王竭力挽留，但是范雎仍以病重为由辞去相国之位。于是，新宠蔡泽顺理成章地成为秦相。蔡泽这个能作怪的丑人由此华丽转身。他住在秦国十几年，事奉秦昭王、秦孝文王、秦庄襄王，最后事奉秦始皇帝。他曾为秦国出使燕国，三年之后，终于使燕国派太子丹到秦国来做人质。

蔡泽是智者，范雎又何尝不是？与其说是蔡泽计谋了得，不如说是范雎甘心败退。不是蔡泽击败了范雎，而是盈亏之道击败了范雎。士人们追求成功，却也生怕成功将自己带向死亡。蔡泽自己亦是如此，辅佐秦昭王几个月以后，有人诋毁他，他害怕被杀，就称病辞官，归还了相印，秦王封他为刚成君。中国古代士人为“遂志而成名”奋斗着、忐忑着、坚守着、纠结着。“木秀于林，风必摧之；堆出于岸，流必湍之；行高于人，众必非之。前鉴不远，覆车继轨。”李康《运命论》中这段名言，读来惊心动魄。

季梁——智设譬喻止攻伐

在成长的路上，我们总是被鼓励积极向上、勇往直前。然而，一往无前要有个前提，那就是确定一个正确的前进方向。如果方向错了，越努力离成功越远，越坚持越深受其害。这似乎是个显而易见的事实，可是总有人为了所谓的功业盲目行动，执迷不悟。

魏惠王就是这样的一个人。或许是受争霸图强时代氛围的影响，或许是因为他即位之时正是魏国的鼎盛时期，魏王一直渴望着称霸天下。“南辕北辙”，意思是要到南方去，却驾着车往北走，比喻行动和目的相反。这个成语最初就是形容魏惠王为称霸欲攻打邯郸的不智行为的。韩、赵、魏三国相邻，同样面临着被秦国侵略的危险，本应互相团结、共御强敌，可是魏王欲成其霸业，却想要攻打赵国都城邯郸。

魏国大臣季梁听说此事后，半路上就返了回来，衣服的皱褶没来得及展开，头上的尘土没来得及洗去，就急急忙忙地前去拜见魏王。尽管风尘仆仆、行色匆匆，但是季梁已经想好了劝谏魏王的说辞。这魏惠王一心要实现自己的宏图大志，如果直接说反对他的言论恐怕收效甚微。但魏惠王也不是那种不听建议的国君，有时耳根软得能听信流言。当初，庞葱和魏国太子要到赵国去做人质。临行前庞葱对魏王说：“现在有一个人说集市上有老虎，大王相信吗？”魏王马上说：“不信。”庞葱接着问：“有两个人说集市上有老虎，大王相信吗？”魏王迟疑了一会儿说：“寡人有些怀疑了。”庞葱再问道：“有三个人说集市上有老虎，大王相信吗？”魏王想了想说：“寡人相信了。”男人果然是很好骗的，贵为一国之君、有称霸诸侯雄心的魏惠王也不过如此啊。庞葱叹息道：“集市上明明没有老虎，可是三个人说有老虎，就被当成了真事。现在邯郸离大梁比集市远得多，而非议臣下的人要远远超过三个人，希望大王能对此明察。”魏王说：“寡人自有主张。”庞葱忧心忡忡地辞别了魏王前往赵国。不久毁谤他的话便传到了魏王那里。后来太子不做人质回到了魏国，而庞葱果然没能得到召见。

对这样号称“自有主张”而又轻信流言的国君，与其直陈利弊惹其反感，不如巧设机锋诱他纳谏。魏王见季梁去而复返，猜测他多半是特意回来说些自以为是的“要紧话”，心里不免有了几分抵触之意。哪知季梁像聊天一样笑呵呵地对魏王说：“今天我回来的时候，在大路上看见一个人，正驾着他的车朝着北方驶去，我问他去哪里，他告诉我说：‘我要到楚国去。’”季梁说到这里忍不住似的笑了笑。季梁那带着笑意的脸，令魏王不由得放下了戒备，而季梁说的那个人也傻得引起了魏王的注意，一个赶路的人首先得认路啊，这个人难道不知自己走错了方向吗？魏王的脸色已由戒备不悦变成了疑惑不解。季梁又朝魏王微微笑了笑，说：“我听了他的回答也觉得很奇怪，这人明明是走反了啊，得提醒他一下，便说：‘您要到楚国去，为什么往北走？’这么明摆着的错误直接说破了，恐怕大家都尴尬，我就这样委婉地提示了他一句。这样的情况下，一般人可能就迷途知返了，可这个人却说：‘我的马好。’马好？方向反了，马跑得越快不是离楚国越远吗？我着急地说：‘马虽好，可这根本不是去楚国的路啊。’他却不慌不忙地说：‘我的路费多。’他的话让我更惊讶了，赶紧劝他说：‘路费虽多，这毕竟不是去楚国的路啊。’我这样一而再、再而三地提醒他走错了路，可是他还是不在乎地说：‘我的车夫驾车技术好。’他的回答让我哭笑不得，车夫的技术再好、路费再充足、马再好，方向错了，这些有利条件反倒成了不利条件。这几样越好，离楚国就越远了啊！”

在魏王深以为然地点着头的时候，季梁不动声色地继续说道：“现在大王一举一动都想成就霸业，都想取信于天下，这本是无可厚非的事情。然而依仗国家的强大，军队的精锐，而去攻打邯郸，来扩张土地提高名望，大王的行动越多，离霸业就越远，就犹如想去楚国却往北走一样啊。”季梁这时才点明了自己讲这个故事的用意。魏王沉思良久，在他看来攻打邯郸，不仅是一项军事行动，而且是实现霸业的必要环节。可是，季梁的话让他意识到攻打邯郸对成就自己的王霸之业不但没有益处，反而会离这个目标越来越远。既然这样，自己何必做这让人笑话的“傻事”呢？于是，他放弃了攻打邯郸的计划。

南辕北辙，看似荒谬实则寓意深刻。在现实生活中，真的没有那种明明知道方向不对还固执向前的人吗？其实，有时我们也和魏惠王一样，为了所谓的目标披荆斩棘，结果却适得其反。幸福，是我们追求的目标。然而，在通往幸福的路上，总有人走着走着就迷失了方向。为了出人头地，不择手段地追名逐利，成了于国于家不容的罪人；爱上不该爱的人，执迷不悔地要一个结果，成了可悲可恨的第三者。失去了正确的方向，事业成为危险的目标，爱情成为危险的游戏，就像那个南辕北辙的人，离想要达到的目标越来越远。何妨静下心来想一想，我们有没有和想要的幸福背道而驰呢？

贤能之士

触龙——巧说太后传美名

能言善辩可以说是战国时代士人共同的特点，但能言者未必能使人愿闻，在劝谏对象拒绝纳言之时，如何使其心甘情愿地接受谏言？这个时候，智商固然重要，但情商亦不可忽视。《战国策》中“赵太后新用事”的故事里，让我们见识到一个高情商的说客——触龙。

公元前265年，赵太后刚刚执政，秦国就加紧对赵国的进攻。赵国向齐国求救。齐国说：“一定要用长安君来做人质，才能出兵。”长安君是赵太后的幼子，太后对他十分疼爱。齐国的要求令赵太后非常不满，怎么也不肯答应。战事危急，心急如焚的大臣们竭力劝谏。赵太后震怒，公开对左右近臣说：“有再说让长安君去做人质的，我一定要向他脸上吐唾沫。”这一声令下让大臣们进退维艰，正当众人束手无策之时，左师触龙说他希望拜见太后。大家对触龙此举喜忧参半，喜的是有人能为国请命，忧的是太后不肯纳谏。

果然，赵太后听闻触龙要来，便怒气冲冲地等待着他，心想：

触龙啊，你这是不把我的命令当回事啊！好，你来进谏吧，我一定要吐你一脸口水！看看谁还敢再提让长安君当人质之事！这时，触龙慢步小跑着进了宫，到了太后面前自己谢罪说："老臣脚有毛病，不能快跑。很久没来看太后您了，我私下原谅自己的懈怠，但又担心太后的贵体有什么不舒服的地方，所以想来看望您。"太后见触龙没有提长安君之事，又关心着自己的身体，便决定压一压火气，既然你不提，我也先不吐你，便顺势说："我靠辇车代步。"触龙点点头，又问："您每天的饮食该不会减少吧？"此时内忧外患，太后哪有心思好好吃饭呢？于是她答道："靠喝点粥罢了。"触龙叹口气说："老臣近来很不想吃东西，就自己勉强走走，每天走个三四里，就稍微增加点食欲，身体也感到舒适一些。"太后说："我可做不到啊。"这样一番闲聊之后，太后不知不觉中放下了备战的凌厉之气，国事、家事一片烦乱之中，触龙的关心显得尤为难得，太后脸上的怒色稍微缓解了些。

左师触龙继续和太后聊家常说："我的儿子舒祺，年龄最小，不成器。可是老臣已经衰老了，心里很疼爱他，希望能让他在宫中卫士里凑个数，来保卫王宫，因此我冒着死罪来禀告太后。"太后一听，原来是为了给小儿子求职啊，疼爱自己的孩子，这是人之常情，便说："这事好办。他年龄多大了？"触龙回答说："十五岁了。虽然年纪小，但是我希望趁我没入土就把他托付给您。"太后说："你们男人也疼爱自己的小儿子吗？"触龙回答说："比女人家疼爱得还厉害。"太后笑着说："女人家疼爱自己的小儿子可是特别厉害啊！"话题已经自然而然地聊到了"小儿子"身上，触龙此行自然还是为了劝谏太后的，现在岂不正是时机？触龙了无痕迹地将话题带向核心人物长安君，说道："老臣私下里认为您疼爱燕后胜过疼爱长安君。"太后摇头否定说："您错了，不像疼爱长安君那么厉害。"触龙也跟着摇了摇头说："父母疼爱儿女，就要替他们做长远打算。您送燕后出嫁的时候，握住她的脚跟，为她哭泣，为她远嫁感到悲伤，无比惦念。她出嫁了以后，您也不是不想念她，每当祭祀的时候总要为她祝福，但祈祷说：‘一定别让她回来。’这难道不是为她做长远打算，希望她的子孙后代世代为王吗？”太后说：“是这样。”做母亲的，当然不希望女儿被赶回来啊，嫁得再远，只要她平安幸福就好。

此时，太后脸上已经没有了盛气凌人的神色，反而透出母亲特有的温柔之色。触龙继续说道：“从现在起上推到三代以前，一直上推到赵氏建立赵国的时候，赵国君主的子孙封侯的，他们的继承人还有在侯位的吗？”太后说：“没有。”触龙说：“不仅是赵国，其他诸侯的子孙封侯的，他们的继承人还有在侯位的吗？”太后说：“我没有听说过。”触龙说：“他们当中祸患来得早的就落在他们自己身上，祸患来得晚的就落在他们子孙身上。难道国君的子孙就一定都不好吗？这是因为他们地位尊贵而没有功勋，俸禄丰厚而没有劳绩，并占有许多宝物啊。如今您使长安君的地位尊显起来，并且分封给他肥美的土地，又多给他贵重的财宝，而不趁现在这个时机让他为国立功。有朝一日您百年之后，长安君凭什么在赵国立足呢？老臣认为您为长安君考虑得太短浅了，所以我认为您爱他比不上爱燕后。”太后沉思了良久，终于说：“好吧，听凭你安排他吧。”于是，为长安君准备了一百辆车，送他到齐国去做人质，齐国这才发兵救赵。

赵太后虽贵为执政太后，虽精明睿智，但终究是母亲，终究爱子情深。为人父的触龙正因深解其中滋味，所以能在众人埋怨赵太后不识大体之际，怜惜她的爱子之心。太后维护国家利益是职责，而母亲保护自己的孩子却是本能。这种时候，与其堂而皇之地逞口舌之利，不如将心比心地以情动人。触龙胜人之处不在他“多智”，而在于他“多情”。高情商的触龙设身处地，将心比心，因势利导，使自己的话令人信赖，使自己的谏言易于被接受，这才能以柔克刚，说服拒谏的太后。

子义听到这件事后说：“国君的儿子，是国君的骨肉至亲，尚且不能没有功勋而得来高贵地位，没有辛劳而得来丰厚俸禄，更何况是做人臣子的呢？”国君之子尚不能无功受禄，何况官二代、富二代，何况平常人家娇生惯养的孩子呢？何谓怜爱子女？何谓于国于家有用？一篇先秦古文，让我们领略的何止智者之风采。

邹忌——设喻说理谏齐王

策士们游说诸侯时，为达到最佳的劝谏效果，所用的进言方式往往不拘一格、各有特色，或阿谀奉承，或危言耸听，或主文诡谏。邹忌有悟性，善言辞，擅长设喻说理，以巧妙诡谏取胜。他精妙绝伦而效果奇佳的讽劝艺术历来为人称道。邹忌讽齐王纳谏，被视为中国古代贤臣劝谏君王的经典事例。

与其他史上留名的策士相比，邹忌还有其得天独厚的优势——身材标准、相貌俊美。可对策士而言，辩才和智慧才是重要的，又不是后宫需要以美貌争宠的佳丽，赏心悦目的外表能有何用呢？可既已身为美男，怎能辜负了上天的厚爱呢？邹忌很好地利用了自己的优势资源，劝齐威王纳谏时就是用其“美貌”来打动君心的。

邹忌身高八尺有余，容貌光彩照人。一天早晨穿戴好衣帽，揽镜自照，越看越觉得自己帅，忍不住问他的妻子说：“我和城北的徐公相比，谁更帅？”他的妻子想都不想就说：“当然是你帅了！你是最帅的，徐公哪能赶上你呢！”虽然妻子说得如此肯定，但那城北徐公是齐国有名的美男子。邹忌虽自诩帅哥，但还是觉得徐公比自己帅，便又向自己的小妾询问：“我和徐公谁更帅呢？”小妾听了邹忌的问话，笑着说：“徐公怎么能比得上您呢！”邹忌听了小妾的赞美之词，心里还是挺受用的，得美人相赞心情总是愉悦的啊。可转念一想这小妾一向温顺乖巧，不曾拂逆过自己，她的话是发自真心的吗？思及此，邹忌觉得关于“谁更帅”这个问题的答案还是有待探讨的。第二天，来了一位访客。邹忌和客人谈话时又想起了这个困扰着自己的问题来，于是他问客人说：“我和徐公比谁更帅呢？”客人闻言一愣，心里想着一个大男人还挺爱臭美的，还和徐公比，那徐公可是国内数一数二的美男子啊，嘴上说的却是：“徐公不如您帅！”听了客人的答案，邹忌想：三个人的答案一样，难道我真比徐公帅？

又过了一天，徐公来访。邹忌趁机端详徐公，看了又看以后觉得自己不如徐公英俊。徐公走后，邹忌又对镜自照，因为参照物刚刚离去，记忆还十分鲜明，对比镜中的自己和记忆里的徐公之后，邹忌觉得自己和人家徐公实在是差得太远了。虽然这个认知让人不太情愿、不太高兴，但不管怎样问题终于有了正确答案。可是，邹忌的纠结并未结束。晚上，爱思考的帅哥躺在床上寻思这件事，为什么明明我没有徐公帅，可是妻子、小妾、客人却异口同声地说我更帅呢？想来想去得出如下结论：“妻子说我帅，是因为她偏爱我；小妾说我帅，是因为她害怕我；客人说我帅，是因为他有求于我。”想到这儿，邹忌觉得豁然开朗。

帅哥邹忌不只是爱问问题、爱思考，还爱与人分享经验教训以求共同进步。于是邹忌上朝拜见齐威王说：“臣下自知不如徐公帅，可是臣下的妻子偏爱臣，臣下的妾害怕臣，臣下的客人有求于臣，都说我比徐公帅。如今齐国土地纵横千里，城池一百二十座，大王宫中的后妃和身边的侍从，没有不偏爱大王的；朝廷里的群臣，没有不害怕大王的；国内的百姓，没有不有求于大王的。由此看来，大王所受的蒙蔽真是非常厉害啊！”

邹忌的这番话以自己的美貌为引，以生活中的细微小事为据，表面上是在谈心聊家常，实际上是在规劝君王纳谏听真话。这样一番由此及彼、层层推进，设喻说理、娓娓道来的进言，自然亲切，易于为人所接受。被深深触动的齐威王听后马上表态说：“对！”接着颁布了一道命令：“大臣官吏、平民百姓，能当面指出寡人过失的，授上等奖赏；能上书劝谏寡人的，授中等奖赏；能在大庭广众议论讽刺政事，传到寡人耳朵里的，授下等奖赏。”命令刚下达的时候，群臣都来进谏，门庭若市。几个月以后，只断断续续地有人来进谏。一年以后，就是有人想进谏，也没有什么可说的了。燕、赵、韩、魏等国听到这种情况，都到齐国来朝见。这就是人们所说的不出朝廷、不动兵马，就战胜了别国。邹忌巧妙的劝谏，收到了良好的效果。

邹忌出其不意而言浅意深的讽谏令人叹赏的同时，也引人深思。齐威王是一位敏于治政、善于纳谏的明君。当初，邹忌以鼓琴见威王，不惧威王去琴按剑的勃然之怒，借谈琴道而论政道，险中进言而为威王所重，三月后齐威王授邹忌相印。即便贤如齐威王，进谏时尚有死生之忧，遑论昏君奸相了。伍员进忠言而获罪，屈原进忠言而被逐。“良药苦口利于病，忠言逆耳利于行”易说难为。设喻说理的巧思之中，或许亦有不得不为的无奈吧。

甘茂——曾母投杼警君王

甘茂，下蔡人，从史举学百家之术，辩才颇高。战国时期秦国名将，秦惠王时助魏章平定了汉中之地，秦武王时平定了蜀地之乱，被视为张仪之后秦国最重要的人物，后因在秦受到疑忌排挤而弃秦奔齐。

这样的人物简介或许不够引人注目，那我们就从希特勒的宣传部部长戈培尔的那句名言说起吧。戈培尔是忠实的纳粹党徒，极善讲演，被称为“宣传天才”。他将宣传视为实现政治目的的手段，对宣传内容是否真实倒并不在意，因为他认为：谎言重复千遍就是真理。这句耳熟能详却让人不敢苟同的名言，千年之前就曾被甘茂以寓言的形式解读过。

当时，秦武王想派大将甘茂攻打韩国的宜阳。他对甘茂说：“我想用兵打通三川（黄河、洛水、伊水之间的地区，即宜阳），以便窥探周室，如果实现这个愿望，那么我就死而不朽了。”对秦国来说，攻韩、窥周是秦国一统中原的战略目标，而夺取宜阳就是实现这一目标至关重要的一步。甘茂怎能不懂秦武王想取周王而代之的心思？回答道：“请派我出使魏国，约他们一同攻伐韩国。”秦武王听了很高兴地派甘茂出使，并让自己的亲信向寿作为副使一同前往。到了魏国，甘茂对向寿说：“你回去告诉大王：‘魏国已经同意了我们的建议，但是希望大王暂时不要进攻韩国。’这件事如果办成了，功劳全都算你的。”向寿就回到秦国，将甘茂的话告诉了秦武王。秦武王听完汇报，心存疑问，便到息壤迎接甘茂。

甘茂到了息壤，秦武王急切地问他为什么停止攻打韩国。甘茂回答说：“宜阳是韩国的大县，上党、南阳两郡的财富都积聚在这里，它名义上是县，其实相当于一个郡。现在大王打算穿越重重险阻，远行千里去攻打韩国，实在是太难了。我听说，张仪西并巴、蜀，南得上庸，北取西河以外之地，可天下人并没有因此赞扬张仪，而是称颂先王的贤明。我还听说，魏文侯派大将乐羊领兵攻打中山国，经过三年才攻下来，得胜而归的乐羊居功自傲，魏文侯拿出一箱子诽谤攻击乐羊的书信来，乐羊看完后再拜叩头说：‘攻克中山国不是臣的功劳，而是大王您的力量。’现在我不过是一个客臣，您这里有樗里疾、公孙郝两位宠臣，他们抱着对韩国的偏心，非议我攻韩的不当时，大王您一定会听信他们的话啊。已经和魏国约定一起攻伐韩国，却又半途而废，这分明是大王欺骗了魏国，而我却要受韩相公仲侈的怨恨。”甘茂这番话一方面说明了攻克宜阳的难度系数极高，另一方面暗示秦武王要做到用人不疑才能取得最终胜利。

秦武王正琢磨甘茂话中之意时，甘茂又讲了一个更具震撼力的故事，就是中国寓言故事版的“谎言重复千遍就是真理”：“以前曾子住在费地，当地有一个和曾子同名同姓的人杀了人。有人去告诉曾子的母亲说：‘曾参杀人了。’曾子的母亲正在织布，头都不抬地说：‘我儿子不会杀人的。’依旧低头织布。过了一会儿，又有人来说：“曾参杀人了。’曾子的母亲还是继续织布。又过了一会儿，第三个人来告诉她说：‘曾参杀人了。’这次曾子的母亲害怕了，她惊恐地丢下织布的梭子，慌忙地翻墙逃跑了。”讲完故事，甘茂看着一脸沉思状的秦武王郑重地说道：“曾子那样贤德，他母亲又那样信任他，仅仅因为三个人说了与事实不符的话，慈母就不再相信自己品德高尚的儿子了。现在我的贤德不及曾子，大王对我的信任又不及曾母对曾子的信任，而猜疑我的人却不仅仅是三个，恐怕大王也要为我‘丢下织布的梭子’了。”

甘茂的“曾母投杼”的故事比戈培尔的名言更生动形象，更一针见血，谎言何须重复千遍，不过三次，就已经有了颠倒黑白的破坏力。疑人不用，用人不疑，说来简简单单，真正能做到的君王又有几人？甘茂的客臣身份、良莠相间的秦国政坛，这些客观情况秦武王心知肚明，只是从未深想过，而“曾母投杼”的故事令他不仅认识到流言之可畏，还认识到用人不疑之重要。受到故事启发的秦武王承诺道：“我不会听信别人的闲言，我可以和你缔结盟约。”

秦武王便和甘茂在息壤订立了盟约。

果然，宜阳之役困难重重，用了五个月的时间还未能攻克。这时，樗里疾、公孙郝两人便在秦武王面前议论攻打宜阳的弊病。秦武王被他们说动，打算听从两人的意见，就召回甘茂告诉他这件事。甘茂担心的事情真的发生了，秦武王还是听信了谗言，想要半途而废。万幸的是还有那防患于未然的“息壤之盟”在。甘茂沉声对秦武王说：“息壤的盟约还在那儿呢。”秦武王不由得想起了“息壤之盟”，想起了“曾母投杼”。当日甘茂的良苦用心，为的正是解今日之困啊。思及此，秦武王对甘茂说：“是有这么回事。”于是，调动全部兵力，支持甘茂继续进攻，终于攻下了宜阳。

这就是甘茂的过人之处，他深知秦武王有鸿鹄之志，深知此役胜负至关重要，深知秦国政坛嫉贤妒能之人甚多。如果不在行动之前未雨绸缪，不但不能取得战争的胜利，而且自己也将处于危险境地。故而，他答应秦武王出战，却又故意止步不前，趁秦武王询问之时，讲出此役之难，难中之难就是秦武王是否能真正做到用人不疑。甘茂先将丑话说在前面，借“曾母投杼”要来了“息壤之盟”，为宜阳之战的胜利做了关键性的铺垫，也为保全自己采取了必要措施。虽然谎言重复千遍依旧是谎言，但是被谎言遮蔽的眼睛却看不到真相。看到真相、坚持真理的人，才是真正的贤能之士。

汗明——骥服盐车盼伯乐

伯乐，一个能发现千里马的人。相传为春秋时人，姓孙名阳，因善相马著称。现在借指善于发现、推荐、培养和使用人才之人。千里马和伯乐，后借喻为贤才和识才者。说到伯乐，我们自然而然就联想到千里马，似乎才子的忧思总和伯乐的赏识相关，这种怀才待沽的情结由来已久，唐代韩愈名篇《马说》中"世有伯乐，然后有千里马。千里马常有，而伯乐不常有"之句，更将这种情结演绎为怀才不遇者的千古咏叹。

其实，早在战国时代就有人发出了这样的叹息。这个人就是汗明，战国时春申君的舍人。春申君，黄歇，春申为其封号，战国时期楚国大臣，韩非子说其为楚庄王之弟。黄歇博闻善辩，曾任楚相，是当时著名的政治家，与魏国信陵君魏无忌、赵国平原君赵胜、齐国孟尝君田文并称为"战国四公子"。四公子以养士著称于世，他们广招门客、礼贤下士，竭力网罗人才、扩充势力，以增强自己国家的实力，抵御秦国的攻击。

汗明就是投于春申君门下的宾客之一。即便当时养士成风，即便春申君善于纳贤，为了得见春申君，汗明还是整整等了三个月。两人的会面，对春申君而言，不过是一次平常的接见；对汗明来说，却是一次难得的机会。春申君年轻时曾四处拜师游学，见识广博，辩才出众。两人的相见，与其说是"面谈"，不如说是"面试"。在这次接见中，如果汗明不能得到春申君的赏识，那么可能就将淹没于众多宾客之中，而失去展示才华的机会。一番畅谈过后，春申君非常高兴，对汗明的才华不乏欣赏之意。欢欣鼓舞的汗明还想接着谈，春申君却对汗明谦和有礼地笑了笑说："我已经了解先生了，请先生好好休息吧。"一腔热情的汗明不由得愣住了，春申君为何表现出赏识之意，却又不愿深谈？难道春申君刚才不过是礼节性称许，而非真的欣赏自己的才学？

想到这里，汗明不安地说："告辞之前，我还想问您一个问题，又担心问得太浅陋。"虽然汗明的话看似在征求春申君的意思，但是实际上他并没有留给春申君拒绝的时间，而是紧接着就问道："您和尧谁更贤明呢？"春申君心想这个比法也太夸张了吧！

尧是五帝之一，德高望重，万民敬仰，被认为是圣明君主的典型，而自己不过是个诸侯国的大臣，两者之间哪有什么可比性啊？春申君感叹道："先生您错了，我怎么能与尧相比？"春申君话音刚落，汗明的第二个问题又来了："那么您看我和舜比谁更有才能呢？"春申君觉得这个问题和刚才的问题一样可笑，舜与尧一样，同是为人推崇的古昔圣王，汗明这样的无名小辈如何能与之相提并论？自然，春申君不会实话实说的，他对汗明说："先生就是舜啊。"汗明有此问，当然不是为了听春申君言不由衷的赞美之词，不过是为了说完自己想说的话，让春申君对自己的才能真正认可。汗明摇头否定说："不是这样的啊！请您让我把话说完。您的贤明的确不如尧，我的才能更赶不上舜。贤能的舜事奉圣明的尧，三年以后尧才了解舜。如今您顷刻之间就了解我了，这不就是说您比尧圣明而我比舜贤能吗？"春申君赞叹道："说得好！"于是，通知守门的官吏把汗明的名字登记在宾客簿上，每五天接见一次。

在汗明的坚持下，春申君这位"伯乐"总算发现了汗明这匹"千里马"。只是，春申君虽然认出汗明是匹千里马，但是并没有重用他。汗明为了能实现自己的千里之志，只好含蓄请缨。汗明对春申君说："您也听说过千里马的故事吧？千里马长到了驾车的年龄，驾着盐车上太行山，四蹄伸展，膝盖弯曲，尾巴下垂，脚掌溃烂，浑身湿透，口吐白沫，身上白汗交流，走到坡道上前进不得，驾着车辕不能上升。这时伯乐遇到了它，下车牵着它哭泣，脱下自己的苎麻衣服盖在它身上。千里马于是俯首喷鼻，仰天长鸣，声震长空，如同金石之声，为什么这样？是因为它看到伯乐能够了解自己啊。如今我这个不成器的人，困顿在州县之中，居住在穷屋陋巷，埋没在鄙风陋习之中已经很久了，您难道不想为我涤除污秽，让我也能在山梁上高声吐露心里的委屈吗？您难道无意对我加以提拔任用，使我能够为您高声鸣叫，在魏国崭露头角吗？"虽然选出千里马，但是却不当千里马用，这和不识千里马不是一样吗？汗明借千里马的哀鸣，表达了自己渴望施展才华、实现人生抱负的愿望。

在《战国策》中汗明的故事到此为止，我们无从得知汗明最后是否实现了他的千里之志。他“骥服盐车”的故事却流传了下来。骥服盐车，让骏马驾盐车之意，比喻使用人才不当。这千古之叹，何尝不是郁郁不得志的文人士子的千载之痛？只是，名不闻于世的何止千里马，即便是善识良马的“伯乐”，也不能免于不被人赏识的命运。黄庭坚诗中提到的九方皋，就是这样的“伯乐”。九方皋与孙阳一样是春秋时善于相马者，但世人多半只知伯乐孙阳，却不识九方皋。

或许，千里马和伯乐之间并非泾渭分明。孔子周游列国推行自己的政治理想，乱世之中其仁政理想没有用武之地。乏人赏识的孔子可谓失意的“千里马”，可是正因其不得志，才专注于教育事业，开创了私学，培养了三千弟子，其中贤人七十有二。七十二贤士中很多成为各国高官栋梁。这样看来，被誉为万世师表的孔子，何尝不是“伯乐”？凡俗如我辈，与其竭尽全力去做郁郁寡欢的“千里马”，不如学学仁者无敌的孔子做个智慧的“伯乐”。

西门豹——明辨是非功不朽

邺城，初建于春秋时期，相传为春秋五霸之首的齐桓公所筑，但令它为世人所知的却是战国时期的西门豹。他治河投巫的故事几乎家喻户晓，邺城之名也从此闻名于世。邺城是魏国的重镇，魏文侯斟酌再三选定西门豹为邺城令。西门豹果不负众望，禁巫风、修河渠，使邺地民富兵强重新繁荣起来。

西门豹被任命为邺城令，他去向魏文侯辞行。魏文侯说："你去吧，一定要成就你的功业，树立你的美名。"西门豹说："成就功名也有方法吗？"

魏文侯心里暗暗喜悦，自己精挑细选的人果然有成大事的气度。邺城虽是重镇，但因吏治不清、巫风盛行而民生凋敝、田地荒芜。正因情况如此，魏文侯才为选邺城令颇费心思。如果不是一个有胆有识、有勇有谋的贤能之士，如何能担此重任？没有胆识就无法威慑当地的贪官污吏，没有谋略就无法破除陋习、移风易俗。西门豹明知此去任重而道远，不但没有露出犹疑之色，而且还能态度诚恳虚心请教，这西门豹真是可独当一面的贤才。对自己欣赏的人才自然要倾囊相授啊。魏文侯悉心教导道："有方法啊。到了那儿以后就去拜访那些有德行的人，并尊他们为师；对待乡里的老年人，要比对待有地位的人更尊重；对那些喜欢掩盖别人优点而宣扬别人缺点的人，要根据事实来验证他们的话。万物多有相似却本质不同，似是而非的事物很多，狗尾草幼小的时候像谷子，骊牛的毛色像老虎，死人的白骨像象牙，武夫石像美玉，这些都是相似却不同的东西啊！"

魏文侯是魏国百年霸业的开创者，具有卓越的政治才能，在国内进行了一系列的改革，使魏国成为战国初期的强国，声名显赫，甚至超过了五霸之首齐桓公。这样的一位君王自然有令人称道的政治见解，这些独特的见解对西门豹来说意义非凡。西门豹知道虽然自己只是去做一个小小的邺城令，但是事关重大，魏文侯要自己建功成名，不就是希望自己能不负所托治理好邺地吗？魏文侯那语重心长的临别赠言总结起来就是两点：一是要尊老重贤；一是要明辨是非。前一点是要实地考察，了解民生疾苦；后一点是破除迷信、趋利避害。

西门豹到邺地后，果然没辜负魏文侯的期望，真的做到了立功不朽。据《史记·滑稽列传》记载，西门豹一到任，就按魏文侯所说的办法去访问父老，以了解民生疾苦。原来邺地所临的漳水经常泛滥，百姓深受水患之苦。当地的三老、廷掾便借为河伯娶妇平息水患之名，向老百姓征收赋税搜刮钱财。但他们只用其中一小部分钱财为河伯娶妇，大部分钱财其实被他们和巫祝收入囊中。

更令百姓们害怕的是每到为河伯娶妇的时候，女巫就到小户人家巡查，看到漂亮女子，便说“这女子适合做河伯的媳妇”，然后马上下聘礼娶去，接着给她洗澡洗头，给她做新的丝绸花衣，让她独自居住并沐浴斋戒。过十几天后，大家一起装饰好一个像嫁女儿一样的床席，让新娘坐在上面，然后把它放到河中。起初床席还在水面上漂浮着，漂了几十里便沉没了。

那些有漂亮女儿的人家，为了逃避被选中为河伯妇的厄运，纷纷逃往外地，城里越来越空荡无人，也就更加贫困了。这种情况由来已久了，民间俗语说“假如不给河伯娶媳妇，就会大水泛滥，把老百姓都淹死”。这分明是当地官员和巫祝相互勾结蒙蔽、剥削百姓，但西门豹也不点破，而是和百姓约定下次他也来参加给河伯娶媳妇。

既然明辨了是非，那么下一步就要让百姓看清事物本质，不再受人愚弄、残害，就要清除那些看似为民为国实则害民害国的害群之马。

到了为河伯娶媳妇的日子，西门豹到河边与长老相会。三老、官员、巫婆和她的弟子、有钱有势的人、地方上的父老也都会集在此，看热闹来的老百姓也有两三千人。大家都在琢磨，这个新来的邺城令到底想干什么呢？西门豹笑呵呵地说：“叫河伯的媳妇过来，我看看她长得漂亮不漂亮。”人们马上扶着这个女子出了帷帐，走到西门豹面前。西门豹仔细地看了看这个女子，回头对三老、巫祝、父老们说：“这个女子不够漂亮，就麻烦大巫婆替我到河里去禀报河伯，我要重新找一个漂亮的女子，迟几天再送她去。”说完就叫差役们一起抬起大巫婆，把她抛到河中。

大巫婆在水里扑腾了一会儿就沉下去了。大家被这出人意料的一幕惊呆了，气氛一下子紧张了起来。

西门豹一直专注地看着河面，好像真的在等大巫婆回来一样。过了一会儿，西门豹皱着眉头着急地说：“大巫婆为什么去这么久？叫她弟子去催催她！”于是又叫人把大巫婆的一个弟子抛到河中。又过了一会儿，西门豹再次不耐烦地说：“这个弟子为什么也这么久？再派一个人去催催她们！”差役又抛了一个弟子到河中。被投入水中的弟子一样挣扎了一会儿就沉入水中了，周围又恢复了安静，只是那些弟子和长老都吓得直发抖。

一片安静中，又听西门豹说：“巫婆、弟子，这些都是女人，不能把事情说清楚。请三老替我去说明情况吧。”说完又命人把三老抛到河中。西门豹弯着腰，恭恭敬敬地面对着河水，站着等了很久。众人在旁边看着都惊慌不已。西门豹若有所思地说：“巫婆、三老都不回来，怎么办？”他想再派一个廷掾或者长老到河里去催他们。这些人一听吓得面如死灰跪在地上不停叩头，把额头都叩破了。

西门豹看着这些从前巧取豪夺、草菅人命，如今不停磕头、只求保命的“蛀虫”说：“好了，暂且留下来再等他们一会儿。”又过了一会儿，西门豹若无其事地说：“廷掾可以起来了，看样子河伯留客要留很久，你们都散了吧，离开这儿回家去吧。”河伯娶妇之事就此落幕了，被西门豹震慑的邺城官吏和老百姓此后再也不提为河伯娶媳妇的事了。官吏们不想被派去拜访河伯，百姓们发现没娶到媳妇的河伯居然也没生气地发大水。

西门豹利用河伯娶妇的机会，惩治了地方恶霸，教育了广大百姓，此后颁布法令、禁止巫风，勘测水源、修建河渠，逐渐使邺城恢复繁荣，成为战国时期魏国的重镇。

古有“三不欺”之说：“子产治郑，民不能欺；子贱治单父，民不忍欺；西门豹治邺，民不敢欺。”（《史记·滑稽列传》）意思是为政以察，则下不能欺；为政以德，则下不忍欺；为政以刑，则下不敢欺。明辨是非、有勇有谋、敢作敢为的西门豹，令“民不敢欺”，终建立了不朽功业，成为千百年来人们心目中为民做主、为民除害的治世能臣之代表。

道德之士

鲁仲连——义不帝秦振英声

诗仙李白善写古体诗，有多首《古风》流传后世。“齐有倜傥生，鲁连特高妙。明月出海底，一朝开光曜。却秦振英声，后世仰末照。意轻千金赠，顾向平原笑。吾亦澹荡人，拂衣可同调。”这便是李白的《古风》诗中的一首，借对高义之士鲁仲连的颂扬，表现出自己功成身退的政治理想。“功成身退”正是被李白引为同调的鲁仲连的一贯作风。在以追名逐利为目标的策士群体中，鲁仲连的特立独行格外引人瞩目。在战国时代众多闻名于世的策士中，他无疑是最值得敬佩的一位。善奇谋妙策，却不求功名利禄，只为解人之忧；能唇枪舌剑，却不肯仕宦任职，只为去国之难。

诗中“却秦振英声”是指鲁仲连义不帝秦之事。当时，秦军围攻赵国都城邯郸，迫在眉睫之际向魏国求救。魏国安釐王派将军晋鄙领兵救援赵国。晋鄙惧怕秦军，驻扎在荡阴，按兵不动。魏王又派客籍将军辛垣衍乘围困不紧时潜入邯郸，通过平原君对赵孝成王说：“秦国之所以急于围困邯郸，是因为从前和齐湣王争相称帝，不久因为齐湣王自动取消帝号，秦昭王也不得不放弃称帝。如今齐国已经日益衰弱，现在能称雄天下的只有秦国了，这次秦国的进攻不一定是贪图邯郸这个地方，它只是想再次称帝罢了。只要赵国能派遣使者尊奉秦昭王为帝，秦王一定很高兴，必会撤军回国。”事关赵国安危，平原君一时间犹豫不决，拿不定主意。

这时候鲁仲连恰巧在赵国游历，听说魏国想使赵国拥戴秦王为帝，就去拜见平原君说：“您对这件事准备怎么办？”平原君叹息道：“百万大军在外面被打败，如今国内邯郸又被围困无法解围。魏王派将军辛垣衍来让赵国拥戴秦王为帝，如今这个人还在这里，赵胜我还怎么敢谈论这件事？”鲁仲连也叹息一声道：“起初我把您看作是天下顶尖的贤公子，如今我才发现您不是那样的人啊。魏国客人辛垣衍在哪里？我愿替您责备他并打发他回去。”平原君点头道：“让我请他来见先生吧。”平原君于是会见辛垣衍说：“齐国有位鲁仲连先生，他人正在这里，请允许我介绍他与将军见面。”辛垣衍说：“我听说鲁仲连先生是齐国的清高人物，而我只是一个使臣，奉命出使，职务在身，我不愿意和鲁仲连先生见面。”平原君只得说：“可我已经把您在这里的事透露给他了。”辛垣衍这才无奈地答应了。

论辩双方终于面对面了，鲁仲连见了辛垣衍后却一言不发。辛垣衍打破了沉默，说：“我看留在这座围城里的人，都是有求于平原君的，但我看先生的神态，不像是有求于平原君的人，为什么要留在这个围城之中而不离开呢？”鲁仲连说：“人们都认为鲍焦是由于心胸狭窄而绝食自杀的，其实完全不是这样的。人们不了解他的内心，才会误认为他是为个人私事而死的。那秦国，是背信弃义而崇尚战功的国家。用权诈的手段对待士人，用对待俘虏的办法役使人民。如果秦王肆无忌惮地自称为帝，甚至进一步以政令统治天下各国，那么我鲁仲连只有跳进东海自杀了。我是决不做他的子民的！我来拜见将军的目的，是想帮助赵国抵抗秦国。”鲁仲连不开口则已，一开口就直奔主题。

辛垣衍觉得鲁仲连此言有些自不量力，百万大军都抵挡不了秦国的气势汹汹，就凭一人口舌之利能扭转乾坤？虽然心存怀疑，他仍好奇地问："先生将怎么样帮助赵国呢？"鲁仲连说："我打算让魏国和燕国帮助赵国。因为齐国、楚国本来已经在援助赵国了。"辛垣衍不以为然地说："燕国我倒相信会听从于您。至于魏国，我就是魏国人，先生怎么能使魏国帮助赵国呢？"鲁仲连答道："这不过是魏国没有看到秦王称帝的危害罢了，如果魏国看到秦王称帝的危害，那么就必定会帮助赵国了。"辛垣衍说："秦王称帝的危害在哪里？"鲁仲连说："从前齐威王曾经实行仁义之政，率领天下诸侯去朝见周天子。当时周王室贫困衰微，天下各诸侯没有谁去朝拜，只有齐威王独自去朝拜。过了一年多，周烈王驾崩，诸侯们都去吊唁，齐威王后到。周显王大怒，派人到齐国报丧说：'天子去世如同天塌地裂一样，新即位的天子也睡在草席上守丧，而东方的藩臣田婴齐竟然最后才到，理应斩首。'齐威王勃然大怒说：'呸，你妈不过是个奴婢。'这件事成为天下的笑柄。为什么周烈王活着的时候就去朝拜他，死后就大骂，这实在是由于不堪忍受周显王的苛求。那天子本来是这样的，可以作威作福，倒也不足为怪。"鲁仲连言下之意是魏王现在帮着秦王称帝是吃力不讨好的事。

辛垣衍对这样的警示毫不在意，说："先生难道没有看见那些奴仆吗？十个奴仆却要听从一个主人，难道是他们的力量敌不过他，智慧赶不上他吗？不是，是因为惧怕主人。"辛垣衍也够坦白，委婉地承认了魏国就是"胆小怕事"。鲁仲连直言道："如此说来，魏国对于秦国就像是奴仆吗？"辛垣衍坦言："是的。"鲁仲连说："既然这样我就要让秦王把魏王剁成肉酱。"辛垣衍听了很不高兴地说："嘻，先生的话也太过分了！先生又怎么能让秦王把魏王剁成肉酱呢？”

鲁仲连见辛垣衍终于不再无动于衷了，知道时机成熟了，说：“当然能了，听我说说这个道理。从前，鬼侯、鄂侯、文王，是商纣王的三个诸侯。鬼侯有个女儿长得很美，所以鬼侯就把她进献给了纣王，可是纣王却认为她长得丑，把鬼侯剁成了肉酱。鄂侯为鬼侯争辩，因为言语激烈了些，纣王就把他杀了晒成肉干。周文王听到这件事后，长叹了一口气，就被纣王抓起来拘禁在羑里的监牢里，关了一百天又想让他自杀。为什么魏王和秦王都是诸侯王，魏王就心甘情愿处于被人晒成肉干、剁成肉酱的地位呢？”此言既回答了辛垣衍的问题，又再次申明尊秦为帝无异于自取灭亡。

举完了反面的例子，接下来该举正面的例子了。鲁仲连继续说道：“齐湣王将要到鲁国去，夷维子执鞭驾车随行，他先去对鲁国人说：‘你们打算用什么礼节来接待我们的国君？’鲁国人说：‘我们准备用牛、羊、猪各十头的礼节款待您的国君。’夷维子说：‘你们这样对待我们的国君是哪儿的礼节啊？我们的国君，是天子啊。天子到诸侯国视察，诸候要避开正殿不居，交出钥匙，还要提起衣襟恭立在几案旁，伺候天子用餐，等天子吃完饭，诸侯才能告退，去处理本国的朝政。’鲁国人听了，当即关闭城门，拒不接纳。

“齐湣王进不了鲁国，只好到薛国去，向邹国借道。当时，邹国国君刚刚去世，齐湣王想去吊唁。夷维子对邹国的新君说：‘天子前来吊唁，主人一定要把灵柩移到相反的方位，就是灵柩停在南面，然后天子面朝南来吊唁。’邹国的群臣说：‘一定要这样做的话，我们就伏剑自杀。’所以齐湣王不敢进入邹国。

“邹国、鲁国的臣子们，在国君活着的时候不能尽力侍奉供养，在国君死后又不能举行把米和玉放入口中的殡礼，然而当齐湣王想要把对待天子的礼节强加给邹、鲁两国臣子时，他们却都不肯接受。如今秦国是拥有万辆兵车的大国，魏国也是拥有万辆兵车的大国。都是具有万辆兵车的大国，都有称王的名分，只因看见秦王打了一次胜仗，就想跟随他，拥戴他为帝，这样看来韩、赵、魏三国的大臣连邹、鲁小国的臣子都不如。”

鲁仲连这番正反对比、夹叙夹议的话令辛垣衍深有触动，不由得暗想，难道尊秦称帝真的错了？人家小国之臣尚能力保国家利益，而自己身为大国之臣却一味媚骨求安，会不会到头来真的被秦王视为做肉干的材料呢？正在辛垣衍冷汗涔涔之时，鲁仲连投出最后的有力一击：“秦国的野心没有止境，一旦称帝，就将会撤换诸侯的大臣。他会撤掉他认为不贤的人，委任他认为贤能的人；剪除他憎恶的人，任用他喜欢的人。他还会让他的女儿和喜欢进谗言的姬妾去做诸侯的嫔妃姬妾，住在魏国的后宫里，魏王哪里能够安宁度日呢？而将军您又凭什么能得到往日的恩宠呢？”鲁仲连的最后一句话狠狠刺进了辛垣衍的心窝，让他清醒地意识到秦王称帝不仅关乎赵国存亡、魏国兴衰，而且直接关系到自己的荣辱、自己的命运。一旦尊秦称帝，魏王听命于秦王，秦王的喜好就成了自己功名利禄的凭依，这意味着自己有可能失去现在已经拥有的荣宠和安逸。这样他还如何能坐得住呢？辛垣衍站起身来，对鲁仲连拜了两拜谢罪道：“起初我以为先生是一个平庸的人，现在才知道先生是天下的贤士啊。请允许我离开这里，再也不敢说尊秦为帝的话了。”

平原君见辛垣衍不再鼓动赵王尊秦为帝告辞而去，十分佩服鲁仲连的能言善辩和言出必行。秦国将领听到这个消息后，为此退兵五十里。恰好赶上魏国信陵君夺得了晋鄙的军队来援救赵国，攻击秦军，秦军撤退而去，邯郸之围解矣。喜出望外的平原君想要加封鲁仲连。鲁仲连辞谢推让多次，始终不肯接受。平原君便设宴款待他，酒兴正浓的时候，平原君起身，走到鲁仲连面前，拿出千金厚礼为鲁仲连祝福。鲁仲连笑着说：“对于天下之士来说，最可贵的是为人排除忧患、免除苦难、解决纷乱，而本人一无所取。如果有所取，那就成了唯利是图的商人，仲连我无论如何不能这么做啊。”于是辞别平原君飘然而去，没有再来见他。

战国之世，智勇双全之士大有人在，德才兼备之士却为数不多。如鲁仲连这样有勇有谋、才德俱佳，而视金钱为粪土、视富贵为浮云的人实在令人由衷敬佩。为赵却秦振英声，为齐释难隐江海，飘逸高洁的鲁仲连如乱世中的白莲花，其浩然之气千载之后仍撼动人心。

陈轸——巧以寓言化危机

陈轸，战国时期齐国人，仕于齐、秦、楚等国，是一个善以寓言游说的纵横家。在那个策士尽显风流的时代，仅以此似乎不足以使人另眼相看。毕竟，口舌之利是策士们的基本技能。陈轸的与众不同在于他不仅腹有良谋，而且心怀忠义。对国君，报以忠心，智全秦楚两国之利益；对朋友，施以援手，计助公孙衍为五国之相；对敌手，留以善念，理性阻止楚王令魏国驱逐张仪。

这样独特的策士怎能错过？就从那个耳熟能详的成语故事“画蛇添足”开始吧。我们都知道这个成语比喻的是做多此一举的事有害无益，却很少有人知道陈轸用这个故事巧妙地退却了敌兵。当时，楚将昭阳率领军队攻打魏国。大战过后，胜负分晓已见。魏国惨败，不但将领被杀掉，而且八座城邑被攻占。大获全胜的楚军却没有班师回朝，而是打算乘胜出击移兵攻打齐国。来势汹汹的楚军令齐王大为不安，赶紧派陈轸去见楚将昭阳以化解危机。

作为齐王使者的陈轸见到昭阳后，并没有急急忙忙地说服他退兵，而是向他拜了两拜，诚挚地祝贺他打了胜仗。然后站起身来闲聊般地询问昭阳："按照楚国的法令，击溃敌军，杀死敌将，应该奖励什么官爵呢？"昭阳说："赏给上柱国的官职，上执圭的爵位。"上柱国，也就是大司马，掌管军事大权，是楚国最高武官，也是昭阳现在的官职。上执圭则为楚国的最高爵位。陈轸继续问道："比这个更尊贵的官爵是什么？"昭阳说："就只有令尹了。"令尹，是楚国最高行政长官，相当于别国的相国。陈轸点点头说："令尹是够尊贵的了！可是楚王不会设置两个令尹吧？"

昭阳原以为陈轸会和自己说退兵之事，却不想竟聊起楚国的官制来了，这个陈轸到底意欲何为？陈轸看出昭阳的困惑与不耐烦，便说："请让我为您打个比方吧。楚国有一个举行祭祀的人，祭祀结束后赏赐给随从们一杯酒。酒只有一杯，想喝酒的随从却有好几个，怎么办呢？随从们商量道：'这点酒咱们都喝，还不够；一个人喝，还有剩余。这样，我们在地上画蛇吧，先画成的人喝酒。'大家便都在地上画起蛇来。一个人先画好了，他得意地拿起酒杯准备喝酒，想了想说：'我还能给蛇画上脚呢。'便左手握着酒杯，右手继续画着蛇。他的蛇脚还没画完，另一个人的蛇却画好了，不客气地夺过他的酒杯说：'蛇本来没有脚，你怎么能给它添上脚呢？'说着就把那杯酒给喝掉了。那个自以为是给蛇画脚的人，终于没喝到那杯酒。"

听了陈轸的故事，昭阳若有所思地沉默着，这时陈轸话锋一转道："如今您辅佐楚王攻打魏国，击溃魏军，杀死魏将，还夺取魏国的八座城邑，兵力没有受到什么损耗，又想要攻打齐国，齐国很畏惧您，这些已经够让您威名远扬了。而您已经是上柱国了，楚国又不可能有两个令尹，您还能有什么官职可加呢？战无不胜却不知适可而止的人，终会落得身败名裂，这不就和给蛇画脚的人一样吗？”昭阳听了暗暗称是，自己已是功成名就，何必再去“画蛇添足”地伐齐呢？战胜了，也不会加官晋爵；战败了，还会丢了大获全胜的威名。于是，领兵回国去了。一场战争就这样被陈轸用一个寓言故事化解了。

这个“画蛇添足”的故事，让我们认识了陈轸，也让我们见识到了他以寓言化危机的独特与巧妙。在与张仪共同事秦之时，陈轸也是巧借寓言化解了张仪的恶意陷害。所谓“同行是冤家”，张仪对这个和自己一样善于机辩的陈轸很是讨厌，觉得他妨碍了自己大富大贵，总想寻个机会将陈轸置于死地。

一次，张仪又在秦惠王面前说陈轸的坏话：“陈轸是大王您的臣子，却常常把秦国的情况告诉楚国。我张仪不能和他共事，希望大王把他赶走。如果他离开了秦国，还要回楚国去，就请大王把他杀掉。”秦惠王听了张仪的话，说：“陈轸怎么敢回到楚国去呢？”这话听着好似还挺信任陈轸的，可心里却已波澜起伏了。秦惠王召见陈轸，说：“我可以答应你的请求，你想要到哪里去呢？我可以替你准备好车马。”陈轸注视着静静等他回答的秦惠王，不疾不徐地回答道：“我愿到楚国去。”这个答案太直接了，直接到令秦惠王觉得有些出乎意料，说：“张仪认为你要到楚国去，我也知道你要到楚国去。除了楚国，你还能去哪里呢？”这个答案在秦惠王意料之中，他心里的想法其实和张仪一样；这个答案又在秦惠王意料之外，他原以为以陈轸的能言善辩，一定会巧妙搪塞。

其实，正是因为知道张仪的阴险和秦惠王的怀疑，陈轸才会如此直截了当地说出秦惠王的心事，以此令对方措手不及，而给自己赢得辩解的机会。秦惠王的困惑便是他的机会，陈轸说：“我离开秦国，一定会特意到楚国去，以顺应大王和张仪的想法，也以此来证明我没有私通楚国。”陈轸的话让秦惠王之困惑中又添几许尴尬。秦惠王正想着是不是该说点表明立场的话时，陈轸却自顾自地讲起故事来："从前楚国有个人娶了两个妻子。有人去勾引他的长妻，长妻对他大加责骂；那人又去勾引他的少妻，少妻应许了他。过了不久，这个有两个妻子的人去世了。好事者问那个勾引别人老婆的家伙说：'现在那两个女人的老公死了，你是娶他的长妻呢，还是娶他的少妻？'那人肯定地回答说：'娶长妻。'好事者奇怪地问：'长妻骂过你，少妻顺从你，你为什么要娶长妻呢？'那人理所当然道：'她是别人的妻子时，我当然希望她应许我。现在做了我的妻子，我当然希望她为了我骂别人啊。'"秦惠王听了不由得点头，心说：废话啊，谁愿意老婆给自己戴绿帽子啊？耳边又听到陈轸的话音："现在的楚王是个明智的君主，昭阳也是一位贤相。我作为秦国的臣子，如果常常把本国的国情告诉楚王，楚王也许会高兴，但如果我去做楚国的臣子，楚王必定不肯收留我，昭阳也必定不肯和我共事。这样就可以证明我是否私通楚国了。如果我不忠于大王您，楚国又怎么会要我呢？唉，忠心还受到遗弃，我不到楚国，又能到哪里去呢？"秦惠王此时自然明白了陈轸所讲故事的寓意，人家陈轸明明是"长妻"，自己却把人家当成了"少妻"。秦惠王惭愧之余，决定要好好对待陈轸。

不论是以寓言阻止战争，还是用寓言化解杀机，令人拍手称赞的不过是巧言机辩。有这样本事的策士，又岂止陈轸一人？陈轸之为陈轸，是因为他不但有计谋，而且有忠心。他的忠心不是为求自保的搪塞之辞，不是为换取富贵功名的一时之举，这才是陈轸真正令人钦佩的原因。纵使后来秦国任用张仪为相，陈轸真的到了楚国为臣时，夹在秦楚之间的他也不曾损害秦国利益。

因为楚、齐绝交，齐兴兵攻打楚国。为避免陷入秦齐合力攻楚的局面，陈轸替楚王去秦国讲和。陈轸来到秦国，秦惠王接见了他，直言道："你曾经是秦国的人，我和你是旧交，我不才，没能处理好国事，所以你离开我去侍奉楚王了。现在齐国和楚国交战，有人说助齐有利，有人说助齐不利，你何不在为你的君主出谋划策之余，也为我出出主意呢？”陈轸回答道：“大王难道没有听过吴人到楚国做官的故事吗？楚王非常宠信他，吴人病了，楚王特意派人去慰问他：‘是真的病了，还是思念家乡呢？’左右的人说：‘我不知道他是否思乡，真的思念的话他就会用吴国的乡音呻吟。’现在我也将为大王‘吴吟’。大王您不曾听到过管与的话吗？有两只老虎因争夺一个人而搏斗，勇士管庄子要去刺杀老虎，管与制止他说：‘老虎是残暴的猛兽，而人是它的美食。现在两虎争人而相互厮打，弱小的老虎会死掉，强大的老虎会受伤。你只需等待时机去刺杀负伤的老虎，便能一举而获两虎了。只付出刺杀一只老虎的劳累，却有刺杀两只老虎的美名。’现在齐、楚两国交战，必有一方战败。如果齐国战败，大王出兵救助，就能获得救齐的利益，而没有讨伐楚国的损失。”

陈轸之言令秦惠王茅塞顿开，甚为满意。的确，秦国若依计而行定是有利而无害的。可是，如果陈轸只是不忘旧情为秦谋利，那岂不是意味着对楚不忠？陈轸之计，妙就妙在此计于秦于楚皆相宜。于秦，可坐收渔利；于楚，可去心头之患。无秦助齐，楚国便无后顾之忧，这不正是陈轸出使秦国所要实现的目的吗？那些追名逐利、朝秦暮楚的策士如何能想到这样的妙计？何谓大智？不过如此吧，智全两国利益而不损忠义。时光荒芜了曾经的繁华，历史却铭记了这个真正不朽的名字。

颜斶——士贵王轻语惊人

人才在社会发展中具有重要的作用，这在今天的我们看来自是毋庸置疑的，但这样的人才观在千年之前却是标新立异的。当战国时代的齐国士人颜斶特立独行地提出“士贵王轻”时，震惊了群臣，激怒了齐王，也开启了我们心中的灵犀。

齐宣王召见隐士颜斶。颜斶进宫后，并没有急切而谦恭地拜见齐宣王，只是淡然地立在阶前。齐宣王见他进来了，自然而随意地说：“颜斶上前来！”颜斶听到了宣王的话却没动，而是对宣王说：“大王上前来！”颜斶的话一出口，众人面面相觑，这颜斶也太大胆了，大胆到有些不识抬举，大王召见他是赏识他，他不知感恩，还如此倨傲地触犯龙颜！果然，齐宣王很不高兴。齐宣王左右的侍从不满地说：“大王是君主，你是臣下，君臣有别。大王说‘颜斶上前来’，你也说‘大王上前来’，这怎么可以呢？”颜斶回答道：“我上前，是趋炎附势；大王上前，是礼贤下士。与其让我趋炎附势，不如让大王礼贤下士。”齐宣王气得变了脸色，自己出于爱才之心召见颜斶，见他来了本来挺高兴的，让他上前来也有表示亲近之意，可他居然傲慢地“端架子”。左右的人警示他，他不知悔改，还口出狂言，简直是无礼至极。齐宣王越想越生气，愤怒地说：“是君王尊贵，还是士人尊贵呢？”颜斶不卑不亢回答道：“士人尊贵，君王不尊贵。”齐宣王没想到颜斶会如此直言不讳，难道这个世外高人读过这样的圣贤书？他惊讶地问：“您说这样的话可有什么根据吗？”颜斶说：“有。从前秦国攻打齐国，秦王下命令说：‘有敢在柳下惠坟墓五十步之内的地方砍柴的人，一律处死，决不赦免。’又下命令说：‘有能取得齐王首级的，封万户侯，赐金千斤。’由此看来，活着的君王的头，竟然比不上死去士人的坟墓。”齐宣王听了这样的理由，嘴上虽没说什么，心里却很不高兴。

宣王沉默不语，左右侍从却忍不住替他大鸣不平，都说：“颜斶过来！颜斶过来！大王是拥有千乘战车的大国之君，还拥有千石重的乐钟，万石重的乐器架。天下的士人，仁义之士都来听候差遗；雄辩之士都来进见献策；东南西北的国家，没有哪个敢不服从。需求的一切无不具备，百姓无不拥戴。而如今境况最好的士人，不过自称匹夫，徒步行走，身处农田；境况差的士人，只能住在边邑郊野，看守里巷的大门，士人的地位实在太卑贱了！”

这众口一词将齐宣王的高大上和士人的低粗土形成了鲜明对比，对颜斶的轻蔑溢于言表。面对众人的不屑，颜斶沉着地回答说：“不对。我听说古代大禹当政之时，天下共有万国，为什么能有那么多国家呢？是因为他们掌握了一套教化百姓、治国爱民的方法，并且重视士人，善于发挥他们的才能。所以舜出生在乡野，发迹于农田，终于成为天子。到了商汤的时代，还剩三千个诸侯国。而如今面向南方自称寡人的只有二十四个了。从诸侯的多寡来看，不正是得士则兴、失士则亡吗？诸侯们逐渐被灭亡的时候，就是想要做里巷的看门人，又哪里能够办得到呢！”

颜斶这番今昔对比的“高见”令左右侍从也沉默起来。颜斶继续说道：“《易传》不是这样说过吗：‘身在高位，而没有相应的德行，只爱用虚名来标榜自己的人，行为必然骄纵奢侈，傲慢骄奢就会招致祸患。’所以说不务实际只图虚名的人终会被削弱，没有德行而希望得到福气的一定穷困，没有功劳而享受俸禄的一定会受到羞辱，祸患会一个跟着一个。因此说：‘好大喜功的人，功业不能建立；空有愿望的人，愿望不能实现。’这些指的都是喜欢追求虚名，却没有实际德行华而不实的人。”颜斶的引经据典令方才还愤愤不平的众人都已露出愿闻其详的神情。颜斶继续说道：“尧有九人辅佐，舜有七个挚友，禹有五个助手，汤有三个帮手，从古到今能凭借虚名建功立业的君王，一个也没有。君王不以屡次向别人请教为羞耻，不以向地位低下的人学习为惭愧，这是完善自身道德修养而扬名后世的缘故，尧、舜、禹、汤、周文王便是这样的君王。所以说：‘无形的事物是有形事物的主宰。无端绪的事物是事物的根本。'上能溯知事物的本源，下能通晓事物的流变，道德高尚而又精通学问，怎么会遭到灾祸呢？《老子》说：'纵然尊贵，必以卑贱为根本；纵然高尚，必以低下为基础。'君王自称孤、寡人、不穀，这难道不是以低贱为根本吗？所谓孤、寡原本是困顿卑贱、地位低下之人的称谓，可是君王用来自称，这难道不是谦卑礼下、尊重士人吗？尧传位给舜，舜传位给禹，周成王任用周公旦，世世代代都称他们为英明君主，就是因为他们懂得士人的尊贵啊。"

话音落处，一片安静。没有了惊诧，没有了鄙夷，只剩下安静的沉思、汗颜的反省。齐宣王长叹过后，郑重地对颜斶说："唉！君子怎么能够欺侮呢，寡人不过是自取其辱罢了！直到今日，听到了君子的高论，才明白了什么是小人的行径。请您接受我做您的弟子！如果颜先生今后愿意与我交往，必定食则盛宴、出则车载，妻子儿女皆衣华服。"

达官显贵、封妻荫子、君王宠信，士人所求不过如此。只是，颜斶不是这样的凡俗之辈。他辞谢说："璞玉生长在山中，一经琢磨就破坏了它的本来面貌，不是说它就不宝贵了，而是璞玉已经面目全非了。士人生在乡野，经过推举选拔得到了官禄，不是说他不尊贵显达，但他的精神、身体都会受到损伤。我情愿回归乡里，腹饥而食就好像吃肉一样，安闲散步就权当乘车一样，平安无过就当作富贵一样，清静正直、自得其乐地生活。裁决我意见的人是大王，尽忠直言的人是我。该说的道理我已经讲完了，希望大王准许我告辞，让我安稳地返回自己故乡的小屋吧。"再拜之后辞谢而去。

语出惊人而不惧非议，富贵可得却返璞归真。颜斶可以说是知足常乐之人了，他舍弃功名利禄，辞别齐王，回到家乡，保持本色，悠闲自在。这样的旷达之人自然终生都不会受到羞辱。我们常常感叹"人在江湖，身不由己"。其实，江湖从来不是波涛汹涌的大江大湖，它不过是我们心中暗潮汹涌的名利场。身不由己，不过是因为我们甘愿身受名缰利锁的折辱而已。

墨子——步行万里救宋国

墨守成规，亦作墨守成法，指固执旧法，一成不变。这是个我们熟知的贬义词，多用来形容思想保守，守着老规矩不肯改变的人。这是个在岁月流转中变了味道的词，其实它本是个褒义词，原意是指墨子捍卫自己的智慧和劳动果实。墨守，墨子善于守城；成规，现成的或久已通行的规则、方法。这个由褒变贬的成语，源自一个感人至深而发人深省的故事——墨子救宋。

既然这个故事与墨子有关，那么我们就先来了解一下这位历史名人。墨子，名翟，东周春秋末期战国初期鲁国人，著名的思想家、教育家、科学家、军事家。

墨子创立了墨家学说，以兼爱为核心，以节用、尚贤为支点，提出了“兼爱”“非攻”“尚贤”“尚同”“节葬”“节用”等注重实用性的观点。墨家在先秦时期影响很大，与儒家并称“显学”。

与同时代的其他思想家不同的是，他是整个中国两千年文明历史上，第一位站在底层劳动人民和社会弱者立场上说话的思想家，他也是中国历史上唯一一个农民出身的思想家。墨子虽是农民，却是一个有贵族气质的农民，而且这份气质是与生俱来的，因为其先祖为宋国贵族。墨子是宋襄公的庶兄目夷之后，目夷即墨夷，后省为墨姓，目夷氏后从贵族降为平民。

墨子作为一个平民，在少年时代做过牧童，学过木工。作为没落的贵族后裔，也接受了必不可少的文化教育。这样的身世和经历，造就了一个独特的墨子，一个具有相当文化知识，思想比较接近小生产者的士人。也只有这样的墨子，才能有守城之谋略、守城之技能、守城之勇气。

这位自称“鄙人”的布衣之士有一颗悲天悯人的心，他主张兼爱、非攻，反对非正义战争，所以当他听说楚国要北上攻宋时，不辞辛苦从齐国出发，翻山越岭克服种种困难，步行十天十夜，脚底都磨出了老茧，才到达目的地郢都。

长途跋涉的墨子一到就去拜访同乡公输般。既然是为了阻止楚国攻伐宋国，那么墨子不是应该去见楚王吗？怎么千辛万苦地到了却急着去见同乡呢？这个公输般是什么人物呢？其实，公输般还有一个我们熟知的响亮名字——鲁班。因为他是鲁地人，所以又称鲁班或鲁般。鲁班，这个名字现今已被视为技艺高超的工匠的代名词。这位古代出色的发明家被土木工匠尊为祖师。正是这位著名的能工巧匠为楚国设计了攻城的器械，楚国准备以之来攻打宋国。所以墨子首先来见公输般，打算先劝他不要“助纣为虐”。

墨子见到公输般后对他说：“我早就听说过您的大名，我想借您去杀人。”此言一出，公输般不由得诧异地看向墨子，心想这是那位被人们称为大爱无疆的贤人吗？怎么一开口就让人去杀人呢？公输般不高兴地回答道：“我信守道义，根本不杀人。”墨子摇了摇头说：“您不杀人吗？我听说您制造云梯之类的攻城器械，准备用来攻打宋国。宋国有什么罪过呢？信守道义不杀人却去攻打一个国家，这是不杀少数的人，而是杀很多人。请问，攻打宋国依据的是什么道义？”刚才还满腹怨气、一脸不高兴的公输般此时已是面带愧色、无言以对了。墨子果真是大爱无疆的贤者，相比之下自己虽为能工巧匠，又自诩信守道义，却失于逞才使性、目光狭隘。公输般自觉理屈，主动请求把墨子引荐给楚王。

墨子见到楚王并没有急切地直言战争之事，而是问了楚王一连串的看似无关痛痒的问题：“假如这里有一个人，舍弃自己雕饰精美的车子，却想偷邻居的破车；舍弃自己锦绣的衣服，却想偷邻居的粗布衣服；舍弃自己精美的食物，却想偷邻居的米糠。这是一个什么样的人呢？”

楚王言之凿凿地说：“一定是患有偷窃的毛病。”墨子听了点点头后，继续说道：“楚国土地方圆五千里，宋国土地方圆五百里，这如同雕饰精美的车子和破车相比；楚国有云梦泽，犀牛、麋鹿等珍奇动物到处都是，长江、汉水里的鱼、鳖、大鼋和鳄鱼等珍稀物种是天下最多的，而宋国可以说是连野鸡、兔子和鲫鱼都没有，这如同精美食物和糟糠相比；楚国有长松、文梓、楩树、楠木、樟木等珍贵的高大树木，宋国甚至连普通的大树都没有，这如同锦绣衣服和粗布衣服相比。”

楚王听到这里似有所悟，远道而来的墨子怎么会无缘无故地问这些问题？要知道墨子可是个自立门户、独有创见的思想家，怎么会千里迢迢地来和自己探讨“学术问题”？墨子主张的是兼爱、非攻，此来自然是与自己欲攻打宋国之事有关啊。果然，墨子终于开口说道：“我认为大王派人攻打宋国，和刚才说的偷窃癖是一样的。”

楚王暗暗叹息自己这不是搬起石头砸自己的脚吗？刚才那么言之凿凿地说人家有偷窃癖，现在如果不答应停止伐宋，岂不就成了自己所骂的有偷窃癖的人了吗？虽然在弱肉强食的战国时代，像自己这样有偷窃癖的国君很多，但是还没有自己骂自己是小偷的国君啊。何况墨子是由公输般引荐来的，想来那公输般也倒戈了吧？如果没有公输般那高大上的攻城器械，凭楚国之力可能还未必能攻破宋国。与其让自己成为被天下人笑话的人，还不如趁现在停止那没有必胜把握的战争计划，于是他对墨子说：“您说得很对！好吧，我不去攻打宋国就是了。”

墨子如愿以偿地阻止了楚国攻伐宋国，故事的结局还算对得起墨子脚上磨起的老茧。墨子用出其不意的质问、发人深省的推理征服了公输般；用夺人的气势、形象的类比征服了楚王；用吃苦耐劳的精神、大爱无疆的胸怀征服后世志士仁人。“墨守成规”这个简单的四字成语，承载的不仅是警醒世人的意义，还有温润人心的力量。

勇敢之士

唐雎——大智大勇大丈夫

在食物链上，两种相邻的生物之间存在着吃与被吃的关系。通常吃别人的被视为强者，被别人吃的则被视为弱者，这就构成了所谓的“弱肉强食”。而人与人之间、国与国之间在实力对比后，便分出了强者与弱者、大国与小国。这弱肉强食的生物生存法则投射到人类社会就演变成为恃强凌弱。大国因其强大，往往不顾道义原则而奉行强权政治，以大欺小。战国时代的秦国与安陵国就是这样一对大国与小国。

秦国，战国中后期最强大的国家；安陵国，附庸于魏国的一个小国。秦王，嬴政，后来被称为“千古一帝”的秦始皇，首位完成华夏大一统的铁腕政治人物；安陵君，魏国分封的小国君主。在以兼并和争霸为特色的战国时代，对强秦来说，这样的实力对比无疑意味着有机可乘。安陵国，在以统一华夏为目标的秦王眼中如同必须吃掉的可口美味。只是，以什么样的方式吃掉呢？大动干戈地出兵攻打这样一个小小的国家似乎有些兴师动众了，秦王不仅是目光远大的政治家，还是腹有良谋的战略家，他想出一个不费一兵一卒、不损一弓一箭的妙计——易地。

秦王派人对安陵君说："我想用方圆五百里的土地换取安陵，安陵君觉得这样可好？"安陵君虽是小国之君，但却是个头脑清醒、颇有主见的君主。他知道秦王易地之举，不过是个巧取豪夺的幌子，于是回答道："大王施舍恩惠，让我们以小换大，这实在太好了。虽然如此，安陵是从先王那里继承下来的土地，愿意始终守着它，不敢交换。"安陵君的婉拒令秦王很不高兴。对这样的结果，安陵君并不觉得意外，一心图霸的秦王怎么会就此了事呢？未能如愿的秦王不但不会因为自己的拒绝而善罢甘休，反而会恼羞成怒，不依不饶。如何能使自己这小小的安陵国逃过一劫呢？安陵君几经斟酌后决定派唐雎出使秦国。唐雎，这个安陵君认为最合适的人选是不是能平息秦王的愤怒呢？众人既心怀忐忑地揣测着唐雎是否能以口舌之利使安陵国免于祸患，又满怀期待地希望唐雎能不辱使命使安陵国幸免于难。唐雎就这样肩负着安陵国的安危前往秦国拜见秦王。

如意算盘落空的秦王犹自愤愤不平，他没想到安陵君竟然敢客客气气地拒绝了自己的"一番心意"。唐雎在这个时候来秦，便成了他的出气筒。秦王语气不善地对唐雎说："我用五百里的土地交换小小的安陵，安陵君却不答应我，这是为什么呢？秦国灭了韩国、亡了魏国，而安陵君却凭五十里的土地幸存下来，是因为我认为他是忠厚长者，所以才没加理会。现在我拿出十倍的土地来扩大他的地盘，而他却违抗我，是瞧不起我吗？"秦王一番话说得义正词严，仿佛他已经把五百里的土地给了安陵国一般。面对如此霸气而霸道的秦王，唐雎竟然还一板一眼地讲起道理来："不，不是像您说的那样。安陵君从先王那里继承了土地，就要守护它，即使用一千里土地也不敢交换，何况只是五百里呢！"

唐雎的话是有道理，可在秦王听来这就是火上浇油的挑衅，秦王勃然大怒，对唐雎说："先生曾听说过天子发怒吗？"唐雎回答道："我不曾听说过。"秦王一听这回答更加怒火中烧了，不过弹丸之地的安陵国，怎么不论国君还是臣子都这样胆大妄为呢？越想越怒不可遏的秦王大声说道："天子发怒，会尸横百万，血流千里。"对这赤裸裸的威胁，唐雎不置一词，却反问道："大王曾听说过平民发怒吗？"秦王嗤之以鼻地说："平民发怒，也不过摘下帽子光着脚，拿脑袋撞地罢了。"唐雎对秦王摇摇头说："那是庸人发怒，而非勇士发怒。专诸刺杀吴王僚时，彗星遮住了月亮；聂政刺杀韩傀时，白色的长虹贯穿了太阳；要离刺杀庆忌时，苍鹰搏击于大殿之上。这三个人都是平民中的勇士，心怀怒气尚未发作，凶兆就从天而降，现在加上我就将有四个人了。如果一定要让勇士发怒，将会倒下两具尸体，血流五步，天下人都将穿起白色的孝服，今天就会这样。"说完唐雎拔出宝剑，站了起来。唐雎视死如归的浩然之气、出鞘宝剑的凛凛寒光将秦王的怒火瞬间扑灭了，冲动的魔鬼走了，理智回归了，秦王意识到这一步之遥的距离稍有差池就要变成生死两重天。这种时候还计较什么天子之怒、布衣之怒？还在乎什么五百里土地、五十里土地？秦王可不想用自己的性命成就唐雎的勇士之名。于是，脸色大变的秦王挺起身跪着向唐雎谢罪说："先生坐下！何至于此啊！我已经明白了，韩国、魏国都被灭掉，而安陵国却能凭五十里的土地幸存下来，正是因为有先生啊。"

此时的秦王哪里还是咄咄逼人的强者？此时的唐雎哪里还是处于劣势的弱者？两人间强弱对比因勇士之剑而改变，正如在弱肉强食的食物链上，每一个物种都既是强者又是弱者。没有谁永远是强者，也没有谁永远是弱者。强势如秦王却不得不屈服于唐雎这个小国之臣。唐雎不辱使命，安陵君知人善用，我们除了敬佩之外，是不是也能由人及己地想一想，身处劣势时，与其仰天呼号、牢骚抱怨，不如脚踏实地、勇往直前，谁又能说披荆斩棘、开辟险途的人不是强者呢？

豫让　漆身吞炭酬知己

刺客，一个古老而神秘的职业。中国的职业刺客最早出现于春秋战国时期，以“士为知己者死”为信条的“四大刺客”最为著名，豫让就是其中之一。豫让，姬姓，毕氏，晋卿智伯的家臣。智氏被灭后，豫让漆身为癞，吞炭使哑以期为主报仇，失败后伏剑自杀。诗仙李白《侠客行》中“纵死侠骨香，不惭世上英”之句，正可谓豫让悲壮人生的写照。

晋国毕阳君的孙子豫让，起初在范氏、中行氏手下做事，因为不受重视，而转投于智伯门下，受到智伯的宠信。后来韩、魏、赵三家瓜分了智氏的土地，赵襄子最怨恨智伯，把他的头骨制成饮酒的杯子。豫让潜逃到山中，说：“唉！义士应当为知己者牺牲生命，女子当为喜欢自己的人修饰容貌。我一定要为智伯报仇。”于是就改名换姓，扮成做杂役的人，到赵襄子宫中粉刷厕所的墙壁，想要趁机刺杀赵襄子。或许豫让身上的杀气太重，赵襄子去厕所时，竟然感到心慌，就让人把粉刷厕所的人抓来盘问，一问之下知道原来是豫让，又发现豫让在粉刷工具上装上了利刃，而豫让也直言道：“我想要为智伯报仇！”对这个意图不轨的刺客，赵襄子左右的人都想要杀掉他。赵襄子制止说：“他是一个侠义之士，我小心躲避他就是了。况且智伯已死，没有后代，然而他的臣子却来为他报仇，这是天下的贤人。”于是释放了豫让。

如赵襄子所料，发誓要报答智伯知遇之恩的豫让并没有因为计划失败而放弃复仇，但是赵襄子已经知道了他的样貌，并对他有所防范，他必须让自己变成另一个人，这样才能再次接近赵襄子。豫让用漆涂身，使身体长癞，又拔掉胡须和眉毛，自毁容貌，觉得没人能认出自己是豫让了，才装扮成乞丐去要饭。一次乞讨时遇到他的妻子，妻子虽然认不出他，但听见他的声音后叹息说："这个人的相貌不像我丈夫，可他的声音怎么那样像我丈夫呢？"豫让的心因妻子的慨叹而颤抖着，他怎能听不出妻子的感伤与挂念呢？深深看一眼妻子渐渐远去的背影，豫让决定切断自己与豫让的最后一丝联系——改变原来的声音。于是豫让吞下火炭，使自己的声音变得无比沙哑。从此，豫让无论是样貌，还是声音，对妻子而言都成了陌生人。

夜深人静之时，豫让问自己：最亲的人都认不出自己了，赵襄子应该也无法认出了吧？自己这样的做法很难被人理解吧？朋友曾对他说："您的方法太难而且不容易成功，说您有志气那是对的，但您却没有智谋。凭借您的才干，好好地侍奉赵襄子，赵襄子一定会亲近宠信您，那样您就可以利用接近他的机会去做您所想做的事情，这很容易做到而且一定会成功。"这种做法的确容易成功，但那是"聪明人"的做法。豫让笑着回答道："这是替先前的知己报复后来的知己，替原来的主人杀害新的主人，这样做会极大地破坏君臣间的道义。我之所以为智伯报仇，是为了表明君臣之义，并不是怎么容易怎么干。况且投身到别人手下办事，却想要刺杀他，这是怀有异心来侍奉主人啊。我之所以要做这种难以办到的事情，也是为了使天下和后世怀着异心侍奉主子的人感到羞愧。"尚义气、重承诺的豫让孤独地坚守着自己的信念，宁愿抛下亲人、离开朋友、伤害自己，也不愿欺骗对自己有不杀之恩的赵襄子，也不愿背叛对自己有知遇之恩的智伯。

变了模样的豫让等待着下一个复仇的机会。过了不久，赵襄子将要出巡，得到消息的豫让埋伏在赵襄子必经的桥下。赵襄子一到桥边马就惊了。赵襄子说："一定是豫让在这里。"容貌可以改变，声音可以改变，但那不可夺的意志却无法轻易隐藏。豫让变了模样，却变不了心。他那无法藏匿的慑人气势，惊吓了马匹，惊动了赵襄子。赵襄子派人去盘问，果然是豫让。于是赵襄子当面责备豫让说："您不是也曾经侍奉过范氏、中行氏吗？智伯灭亡了范氏、中行氏，可是您不去为他们报仇，反而委身侍奉智伯。如今智伯已经死了，您为什么执着地为智伯报仇呢？"豫让说："臣下侍奉范氏、中行氏时，他们像对待一般人那样对待臣下，所以臣下就像一般人那样报答他们；智伯像对待国士那样对待臣下，所以臣下就像国士那样报答他。"赵襄子听后慨然长叹，可惜未能在智伯之前与之相遇啊，这样忠义的贤士不能为己所用已是遗憾，现在竟成了你死我亡的对头，实在令人感慨万千啊！赵襄子流着泪说："哎呀，豫让啊，您为智伯尽忠，声名已经成就了，我释放了您一次，也已经足够宽宏了。您自己考虑一下吧，我不能再放您了。"说罢，就让士兵把豫让团团围住。

豫让回答道："臣下听说贤明的君主不埋没别人的大义，忠臣不惜一死而成就名声。您以前已经宽恕释放过臣下，天下没有一个人不称赞您的贤明。今天的事情，臣本来应该立即受死，但我还想请求您能把衣服脱下来让我刺它一下，那样我就死而无憾了。虽然不敢指望，但还是冒昧地说出了我的心事。"赵襄子认为他很有义气，就派人把衣服交给豫让。豫让握剑在手跳跃三次，仰天大呼向衣服击刺说："老天作证，我可以报答智伯的知遇之恩了。"话音刚落，就自刎而死。豫让死的那天，赵国的百姓听说后，都忍不住为他落泪。

唐代诗人胡曾善写咏史诗，以一百多首七绝《咏史诗》著称，每首以地名为题，评咏当地历史人物和历史事件，《豫让桥》一诗便是咏豫让酬恩的："豫让酬恩岁已深，高名不朽到如今。年年桥上行人过，谁有当时国士心？"此诗在赞美了豫让那"士为知己者死"的牺牲精神后，亦感叹桥上来往的行人谁还有国士之心。岁月悠悠，千载已逝，如今的我们可还有豫让的那颗"国士心"？如今的我们是为这颗"国士心"慨而叹之、热泪盈眶，还是轻蔑视之、嗤笑一声？

聂政——独行仗剑刺韩傀

《广陵散》，又名《广陵止息》，即古时的《聂政刺韩王曲》，我国著名十大古曲之一，是我国现存古琴曲中唯一的具有戈矛杀伐战斗气氛的乐曲。魏晋名士嵇康尤善此曲，临刑前仍从容不迫地索琴弹奏。《广陵散》的旋律慷慨激昂，将聂政那种愤慨不屈的浩然之气演绎得淋漓尽致，或许正是那难得一见的反抗精神和斗争意志恰与嵇康狂放不羁的性情相契合，所以无惧生死的嵇康抱憾之事竟是：《广陵散》于今绝矣！如此人物、如此慨叹，怎能不令我们欲对聂政的侠义之行一窥究竟呢？

聂政独行仗剑刺韩傀不是因为自己与韩傀有仇，而是替对自己有知遇之恩的严遂报仇。

韩傀做韩国相国的时候，严遂也受到了韩王的器重，可是两个人却互相攻击。严遂公开议论、批评韩傀的过失。韩傀为此在朝廷上叱骂严遂，严遂愤怒地拔出剑来追杀韩傀。两位重臣在朝堂之上打架斗殴已经有失体统，怎么也不能演变成恶性流血事件啊，大家纷纷劝阻才化解了这场纠纷。一场风波告一段落，但两人之间的怨恨却加剧了。韩傀位高权重，严遂担心遭到杀害，就逃离了韩国，四处游访，寻找可以替自己报仇的人。

严遂到了齐国，听到齐国有人说："轵地深井里的聂政是一个勇士，为躲避仇人而隐身在屠夫之中。"严遂觉得这个聂政就是自己苦苦寻觅的人，就暗中与聂政交往，有意厚待于他。无功不受禄，严遂刻意与自己结交，必是有事相求，于是聂政问严遂："您想让我干什么？"严遂知道交浅不宜言深，便说道："我和您交往的时间还不长，和您的情分也不够深，怎么敢有所求呢？"聂政见严遂如此谨慎，心知他所托之事定非易事。

不久聂政母亲的生辰到了，严遂置办了酒宴为聂政母亲庆贺，还拿出百镒黄金，上前为聂政母亲祝寿。相识未久，能来为自己母亲祝寿，已是有心了，更何况特意准备如此厚礼！既然无事相求，又为何厚礼相待？聂政于是愈发对严遂的礼待感到奇怪，就坚定地谢绝了严遂的厚礼。可严遂坚持进献，聂政辞谢说："我有老母在世，家境贫寒，客居他乡，以杀狗为业，每天可以挣钱买些可口的食物奉养老母，这就足够了。既然母亲的供养已经够用，那么怎能再接受您的赏赐呢？"

见聂政如此坚决，严遂只好将他拉到一旁，避开周围的人，对聂政说："我有仇要报，为此我已经寻访了很多国家。到了齐国，听说您是一个极重义气的人，所以才特地送上百金，也只不过是作为老夫人粗茶淡饭的费用，只是与您交个朋友，怎么敢有什么要求呢？"聂政说："我所以降心抑志，辱没身份，隐居在市井之中，只是为了奉养老母。老母在世，我的性命不敢许给别人。"严遂执意相赠，聂政却始终不肯接受。严遂见聂政如此坚持，以为自己想托付之事无望了，然而严遂还是尽了宾主之礼才离开。

过了许久，聂政的母亲去世了，安葬完毕，守孝期也满了。聂政说："唉！我只是个市井平民，操刀杀狗为业，而严遂却是诸侯的卿相，不远千里，屈尊前来和我结交，我对他的回报实在太微薄了，没有可以称道的大功可以配得上他对我的礼遇，而严遂却拿出百金为我的母亲祝寿，我虽然没有接受，然而他是很理解我的人。严遂这样贤德的人因为心中有怨恨，而来亲近穷困僻远的我，我怎么可以默然不动呢？况且严遂以前也约请过我，我只是因为有老母才没有答应。如今老母已享尽天年，我也该为赏识自己的人出力了。”

于是聂政向西到了濮阳，见到严遂说：“从前之所以没有答应您，只是因为老母还在。如今老母不幸谢世，请问，您想报仇的人是谁？”严遂看着一脸坚毅的聂政，不由得百感交集，当初找到聂政时的欢欣喜悦、后来被聂政婉言谢绝时的痛苦无奈、如今听到聂政主动要替自己报仇时的震惊感动，统统交织在一起。聂政果真是个重义气的侠士！严遂便把情况一一告诉聂政：“我的仇人是韩国相国韩傀。韩傀又是韩王的叔父，宗族势力强大，住处有士兵严密守卫，我曾派人刺杀他，始终没能成功。现在有幸得到您的支持，请让我为您多准备车马和壮士作为辅佐。”聂政说：“韩国与卫国相距不远，如今去刺杀相国，相国又是韩王的至亲，在这种形势下不可以多带人，人多了不能保证不出差错，出了差错就会泄露秘密，泄露秘密就会使韩国举国上下与您为仇，岂不是很危险吗？”便辞谢了车马随从，告别而去，独自持剑来到韩国。

恰逢韩国在东孟举行盛会，韩王和相国韩傀都在那里，手持武器护卫的人很多。这样的情况下如何能刺杀韩傀后全身而退呢？聂政却毫不犹豫地径直闯了进去，奔上台阶去刺杀韩傀。看着这突然闯入的勇武之士直奔自己而来，韩傀心知不妙，惊惶地抱住韩王，聂政用剑刺他，同时也刺中了韩王，左右的人大乱。聂政大声呼喊着，被他杀死的人有几十个。满地鲜血、一片混乱中，聂政并没有逃走，而是用剑刺破自己的脸，剜出自己的眼睛，剖腹拉出自己的肠子，惨烈地死去了。原来聂政本来就是抱着必死的信念来刺杀韩傀的。

聂政自毁容貌惨烈而死，使人无法知道他的身份。韩国人便把聂政的尸体陈放在市场上，悬赏千金征求他的名字。过了很久，也没有人知道他究竟是谁。聂政的姐姐听说这件事后，说："我的弟弟非常贤能，我不应该吝惜自己，而埋没了弟弟的英名。虽然这不是弟弟的本意，我还是要前去认尸的。"于是她来到韩国，看到聂政的尸体悲伤地说："何其勇敢啊！豪气雄壮！你壮烈的行为超过了孟贲、夏育，比成荆还伟大啊。现在你死了却没留下名字，父母已经去世，又没有别的兄弟，你这样做是为了不牵连我的缘故啊。吝惜自己而不显扬弟弟的英名，我不忍心这样做啊。"原来聂政那样惨烈而死是为了保护自己在这世上唯一的亲人——姐姐。除此之外，何尝不是为了保护曾厚待自己的严遂呢？当初为了照顾老母不轻许诺言，如今为酬知己甘愿一死，但却希望自己的亲人不受牵连，希望自己的知己平安无事。这就是聂政，生死都不忘道义的聂政。聂政的姐姐抱着他的尸体哭着告诉人们说："这是我的弟弟，轵地深井里的聂政。"说完自杀在聂政的尸体旁。晋、楚、齐、卫等国的人听说后，都说："不只是聂政了不起，他的姐姐也是一个刚烈女子啊！"聂政之所以能名传后世，是因为他的姐姐不怕自己被剁成肉酱而传扬他的英名。

成败得失、恩怨情仇、功名利禄渐渐辗转成灰，时间无声地将壮烈往事凝固成了历史，静静掩于尘灰之下的浩然之气却透过文字将那不灭的精神蔓延到后世人的心中。一曲"纷披灿烂，戈矛纵横"的《广陵散》荡气回肠了千年，一段读之令人不胜感喟的史事万古如新。

齐貌辨——陨首乃报知遇恩

这世上，相视而笑的人很多，莫逆于心的人太少。千金易得，知己难求。伯牙遇到钟子期，管仲遇到鲍叔牙，羊角哀遇到左伯桃，结莫逆之交，传千古佳话。一生之中，得遇知音，实属幸事。齐貌辨是幸运之人，得靖郭君相知相惜；靖郭君亦是幸运之人，有齐貌辨为他舍生忘死。

齐貌辨，战国时齐国靖郭君田婴的门客，其人不拘小节、惹人非议，田婴却待之甚厚。一个生卒年皆不详的门客，为何能留名于史？因为靖郭君的重才惜才，亦因为齐貌辨的重情重义。齐貌辨在靖郭君门下做门客，靖郭君对他十分欣赏。可齐貌辨虽然有才能，但还有不少毛病，其他门客都不喜欢他。门客士尉为此去规劝靖郭君。靖郭君不是不知道齐貌辨的性格，只是觉得成大事者难免有些不拘小节，因而对齐貌辨的那些小毛病并不在意，也就对士尉的劝谏未予理会。这士尉也是个有个性的人，因靖郭君不采纳自己的劝谏竟辞别而去。看不惯齐貌辨的不只是门客，还有靖郭君的儿子孟尝君。孟尝君也私下里劝靖郭君驱逐齐貌辨，靖郭君闻言面露怒容，士尉的离去已经令他十分气恼了，如今自己这以好客养士闻名的儿子也如此不能识人、容人。靖郭君生气地说："如果牺牲你们这些人，毁掉了我的家，能让齐貌辨满足的话，我也在所不惜。"靖郭君说到做到，不但安排齐貌辨住上等客舍，而且让自己的长子侍奉他，早晚给他进献美食。

就这样过了几年，齐威王去世了，齐宣王继位。靖郭君和齐宣王虽是同父异母的亲兄弟，但两人的关系很不好，于是靖郭君离开朝廷，回到自己的封地薛邑，齐貌辨也跟随他一起去了。靖郭君曾是齐国的铁腕人物，现在却失去了手中大权，无疑是落魄了。此时齐貌辨的不离不弃，倒也在众人的意料之中，毕竟靖郭君不顾他人劝阻一直厚待于他。没过多久，出人意料的事发生了。齐貌辨向靖郭君辞别，要到齐国都城去拜见齐宣王。靖郭君惊讶道：“您应该知道大王很不喜欢我，否则我也不会回到薛邑，而你我素来相善，大王又岂会不知？您去了那儿不是死路一条吗？”齐貌辨慨然道：“我本来就没打算活着回来，请您务必让我去吧！”靖郭君再三劝阻，也未能阻挡住他。

齐貌辨到了国都，齐宣王听说后，满怀怒气地等着他前来。齐貌辨拜见宣王，宣王语气不善地说：“你就是靖郭君所听信并宠爱的人？”齐貌辨无所畏惧地答道：“如果说宠爱那是有的，听信却谈不上。大王还是太子的时候，我曾对靖郭君说：‘太子的相貌不像仁义的人，耳后见腮，低眉斜视，这样的人往往反复无常，将来肯定会背叛您。不如废掉太子，另立卫姬的儿子郊师。’靖郭君听了以后哭着说：‘不行，我不忍心这样做。’如果当初听了我的话，一定不会有今天的困境，这是其一。靖郭君到了薛地以后，楚将昭阳请求用比薛地大几倍的土地来交换薛地，我又劝靖郭君说：‘您一定要接受这个请求。’可靖郭君说：‘我从先王那里接受了薛地，虽然受到当今大王的憎恨，但我又怎能对不住先王呢？况且先王的宗庙就在薛地，我难道能把先王的宗庙交给楚国吗？’他又不肯听从我的话，这是其二。现在大王您还觉得靖郭君听信于我吗？”齐貌辨的话不长，不过是从两个方面回应了齐宣王的话。然而，这两件事无一不事关重大，前者稳定了宣王的王位，后者维护了齐国的安全。齐宣王听后不禁长声叹息，脸上的愤怒之色已不见，感动地说：“靖郭君对寡人的感情竟然深到这种程度啊！寡人年少，竟不知道这些事情。您愿意替我把靖郭君请回来吗？”齐貌辨回答说：“遵命。”冒死前来不就是为了这个结果吗？齐貌辨在心中长出了一口气。

靖郭君穿着当年齐威王赐给他的衣服，戴着齐威王赐给他的帽子，佩着齐威王赐给他的宝剑到了国都。齐宣王亲自到郊外迎接，看见他忍不住流下了眼泪。靖郭君重返朝廷，齐宣王就请他做相国。靖郭君推辞再三，不得已才接受了。七天以后，又以有病为由一再请辞相位。过了三天，齐宣王才答应了他的要求。靖郭君重返朝廷不过是多做了十天的官。在很多人眼里这趟折腾不过是多此一举。可是，齐貌辨却甘心为这样的折腾不顾生死。因为他懂得靖郭君的心，懂得两次离开对靖郭君而言有很大不同。前一次离开时齐宣王迫不及待地希望他远离自己，这一次离开时齐宣王万分不舍地希望他陪伴自己。前一次的离开是迫不得已的无奈之举，这一次的离开是功遂身退的明智之举。这“知难而退”和“功成身退”怎能一样？这“驱逐之意”和“不舍之心”怎能一样？这样的不同史家知道，靖郭君知道，齐貌辨亦知道。这就是靖郭君与齐貌辨相知相惜的故事。

靖郭君田婴可称得上善于识人了。善于识人且不惧非议地坚持己见，使他得到一个肝胆相照的知己，而非一个可有可无的门客。这世间谁是天生的领袖？谁又能振臂一呼万众响应？黄金千两买来的可能只是一颗功利的心，如果没有心灵上的相知与契合，怎能使别人心甘情愿地为自己赴汤蹈火？这就是齐貌辨把生死置之度外、乐于解人忧患，急于救人于危难的原因吧。

二

王侯韬略

《绘图前后七国志演义》插图（据民国印本）

齐威王——善决断用人不疑

虽说策士是战国时代风头最劲的人物，但亦难掩圣主明君的独特风采。齐威王就是这样一个风采独具的明君。齐威王，战国时期齐国国君。在位期间，革除积弊、选贤任能、修明法制、赏罚分明，使齐国国力日强，到其统治末期齐国已成为当时诸侯国中最强盛的国家，齐威王也以善于纳谏用能而彪炳史册。他善于纳谏，邹忌讽谏时能广开言路；他富于主见，在众人皆言匡章有二心时能用人不疑。

身为一国之君，不免面对各种建议与意见，听与不听不仅关乎个人荣辱，而且关乎国家兴衰。识人善断也就成为明君的必备要素。齐威王识人善断的明君特质在《战国策》中是如何展现的呢？最有代表性的莫过于他用人不疑。其时，秦国向韩国、魏国借道进攻齐国。秦军来势汹汹自是不可小觑，经过思量齐威王决定派匡章率军应战。匡章，又称章子，齐国名将。战争中，齐兵与秦军对垒，两国使者交往频繁，一时间胜负难分。为了获得战争的胜利，匡章下令改变齐国军队的旗帜和齐国士兵的军服，如此一来便可混进秦军之中而见机行事。可是，匡章这“攻其无备，出其不意”的妙计在齐国探子眼里却成了叛逃，他向齐威王报告说匡章把齐兵送给了秦军。这等重要“军情”齐威王听了却毫不在意，就像没听到一样。心急火燎的探子见齐威王没反应大感意外，心想或许是自己汇报得不够清楚，于是过了不久探子又向齐王报告说匡章率领齐兵投降秦军了。探子想，这回都直接说“投降”了，应该够清楚了吧？大王该有所反应了吧？可是，淡定的齐威王仍然没有理会。像这样报告了三次，齐威王都置之不理。探子的上司看不下去了，亲自去询问齐威王：“我知道大王您很信任匡章大将军，但报告匡章有叛变行为的已不止一人，他们几个人都异口同声地说匡章背叛了您、背叛了齐国，这可是关系到我齐国安危的大事啊，大王您为何不派兵攻打匡章的叛军呢？”众人不约而同地“指证”匡章，就待齐威王下令定罪了。

世事有时就是这般荒谬，身在战场、一心为国的匡章就这样担了莫须有的罪名。然而，众口一词就不容置疑吗？言之凿凿就能信以为真吗？这种时刻面临考验的不只是匡章的忠诚，还有齐威王的决断力。面对众人的责难之词，齐威王只酷酷地说了一句：“章子明明没有背叛寡人，为什么要去讨伐他呢？”言简意赅的一句话却意味深长，匡章的忠贞不贰，齐威王的用人不疑尽在其中。

风波未平之际捷报却传来，齐兵取胜，秦军大败。气焰嚣张的秦王竟俯首称臣，自称是西藩之臣来向齐国谢罪。此役分出的何止国之胜负，还有君之贤愚、臣之忠奸。这时候，左右的近臣忍不住问齐威王说：“您怎么知道章子不会叛变呢？”齐威王说：“当初，章子的母亲启得罪了章子的父亲，被他的父亲杀死后埋在了马棚下面。我任命章子为将时，鼓励他说：‘您尽力去做，如果能取得胜利，全军凯旋，我一定改葬将军的母亲。’章子回答说：‘臣并非不能改葬母亲。只是臣的母亲得罪了父亲，而臣的父亲没有留下改葬的遗嘱就过世了。没有得到父亲的允许而改葬母亲，是对死去父亲的欺骗，所以不敢这么做。’他作为人子尚且不欺骗死去的父亲，难道作为人臣会欺骗活着的君王吗？”齐威王讲完信任匡章的原因后，周围的臣子们半晌无声，暗暗钦佩齐威工善于识人。

识人与善断互为表里，相辅相成。正是因为齐威王能识人，所以在关键之时才能善决断。齐威王的识人善断与他重视人才有着密切的关系。齐国一向有尊重人才的良好传统，春秋时期齐桓公就曾任用“仇人”管仲为相而终成为春秋五霸之首，但将人才视为国宝的却唯有齐威王一人。一次，齐威王和魏惠王相约在郊野狩猎。魏惠王问道：“齐国有什么宝贝吗？”齐威王一听，魏王这是自吹自擂的节奏啊，也不计较，只是淡淡地回应道：“没有。”魏惠王扬扬得意地说：“我的国家虽小，尚有十颗直径一寸以上、可以照亮十二乘车子的大珍珠。以齐国之大，难道能没有宝贝？”齐威王说：“我对宝贝的看法和你可不一样。我的大臣檀子，命他镇守南城，楚国就不敢来犯，泗水流域的十二个诸侯国都来朝贺。我的大臣盼子，派他镇守高唐，赵国人怕得不敢到东面的黄河边来打鱼。我的官员黔夫，令他镇守徐州，治理得井井有条，以至于燕国人在北门、赵国人在西门，望空礼拜求福，先后来投奔的人家多达七千余户。我的大臣种首，让他防备盗贼，治安大为改观，出现了路不拾遗的太平景象。这四位大臣，都是我的宝贝，他们光照千里，岂止是十二乘车子呢！”齐威王的话令魏惠王满面愧色。这个“晒国宝”的故事在《史记》和《资治通鉴》中均有记载。魏惠王“以珠为宝”，齐威王则“以才为宝”，两位君王的高下立时便分明了。

尊重人才、重用人才，已是难能可贵，更为难得的是用人不疑。欧阳修言：“任人之道，要在不疑。宁可艰于择人，不可轻任而不信。”这正是对“用人不疑，疑人不用”的最佳诠释。识人、用才，而无猜疑；纳谏、兼听，而善决断，齐威王不愧为一代明君。

赵武灵王——胡服骑射建功勋

中国百家名园之一的武灵丛台是古城邯郸的象征，相传始建于战国赵武灵王时期，是赵王检阅军队与观赏歌舞的地方。郭沫若在此游览时，题下的“照黛妆楼遗废址，射骑胡服思雄才”之句，称赞赵武灵王革故鼎新、富国强兵的改革精神。此前，梁启超便曾力赞赵武灵王是黄帝以后的第一伟人，因为他是中国历史上少数几位与北方游牧民族作战取得胜利的君王之一。尽管只是战国时代的一个小国之君，似乎其文治武功竟不输于唐宗宋祖。遗憾的是，这位颇有作为的君王未能处理好继承人的问题，最后惨死于沙丘宫变。

赵武灵王，即赵雍，的确是赵国历任国君中最有魄力和才能的君王。在争霸图强的战国时代，军事力量并不强大而又被强邻环伺的赵国面临着严峻的形势，不但受到中原大国的欺侮，而且邻境的中山国也时常来犯，还受到林胡、匈奴等游牧民族的频频骚扰。胸怀大志的赵武灵王对这样的处境深感忧虑，想通过“胡服骑射”来扭转被动局面。所谓“胡服骑射”就是指学习胡人的服饰，同时也学习他们的骑马、射箭等武艺。也就是将过去连体的衣裳改为上着短衣、下穿分裆裤的衣服；将以往笨重迟缓的战车用骑马射箭的骑兵代替。推行这种移风易俗的改革不仅要有高瞻远瞩的眼光，还要有大胆坚决的魄力。

独弦不成音，独木不成林。宏图大志的君王能力行改革，总离不开鼎力支持的助手。相国肥义就是赵武灵王的得力助手，在赵武灵王心生顾虑时开明豁达的肥义坚定了他改革的决心，终使

“胡服骑射”得以在赵国推行。

一日，赵武灵王在家闲坐，肥义在旁边陪伴着他，问道：“大王考虑过当今形势的变化，衡量过军队的效用，追思过先主简子、襄子的功业，计算过消灭胡、狄的利益吗？”赵武灵王说：“继位为君不忘祖先的功德，是国君应该遵循的原则；献身事君力求显扬君主的长处，是臣子应该遵循的原则。这两点是国君和人臣的本分。如今我想要继承襄主的功业，开发胡、狄的土地，却担心永久都不被人理解啊。想要建立盖世功业的人，必然会受到习惯势力的牵制；有独到见解的人，必然会遭到一般人的抱怨。如今我打算教导百姓穿上胡人的衣服，学习骑马射箭，世人一定会对我进行非议的。”

肥义说：“我听说，办事犹疑不决就不会成功，行动瞻前顾后就没有成果。如今君王既然已经下定了违背世俗的决心，就不必再顾虑任何人的非议了。那些讲究高尚道德的人，是不附和旧风俗的；成就伟大功业的人，是不和一般人一起谋划的。从前舜帝为了宣扬德教，演练干戚之舞，有苗才归服；禹帝赤身裸体进入裸国，裸国也就服从了。他们这样做并不是纵情享乐，而是去宣扬德政、建立功业啊！愚蠢的人对于已成功的事尚看不明白，聪明的人在事态尚未露出苗头之际就能觉察到，君王就按照您的心意行事，赶快施行胡服骑射吧。”

肥义的话鼓舞起赵武灵王的斗志，赵武灵王说：“我对胡服骑射的好处毫不怀疑，只是担心天下人讥笑我。正如令狂妄无知的人高兴的事，聪明的人却为此感到哀伤；愚蠢的人觉得可笑的事，贤明的人却为此感到忧伤。世上如果有赞同我的，那么胡服骑射的功效是不可估量的。即使让举世的人都来讥笑我，胡地和中山我也一定要占有。”于是赵武灵王下令全国改穿胡服。

赵武灵王引领的服装潮流果真如他所料受到了众多阻力。要知道“胡服”可不是米兰时装周上受人追捧的华服，而是受华夏民族鄙视的胡人之服。这不是时装秀，而是移风易俗的改革。

为了能将改革推行下去，赵武灵王采取了循序渐进的改革措施，其步骤是首先要求朝中官员改装，此后“邯郸命吏大夫奴迁于九原，又命将军、大夫、适子、戍吏皆貂服”（《竹书纪年》）。赵武灵王自己先冒天下之大不韪穿起了胡服，而后语重心长地劝公子成（赵武灵王之弟）穿胡服以打开改革局面；据理力争地劝出身贵族的大臣赵文、赵造支持改革；机智巧妙地令太子傅周绍穿胡服以推进改革；义正词严地训斥迟迟不肯穿胡服的赵燕以巩固改革成果。赵武灵王以其坚定的决心、雷厉风行的行动将“胡服”推广开来。

推广“胡服”的工作既然已取得了显著成果，那么接下来就要着手开始“骑射”的工作了。赵武灵王撤销原阳军队的旧编制，建立骑兵，把原阳作为训练骑射的基地。

“胡服”已让赵国臣民们大开眼界了，如今又要组建不符合规矩的骑兵，这让守旧的官员们既惊讶又不满。赵将牛赞忍不住向赵武灵王进谏：“国家有成文法典，军队有固定制度。改变法典，国家就会混乱；抛弃兵制，军力就会削弱。如今君王撤销原阳军队的编制，建立骑兵，把原阳作为训练骑射的基地，这是改变法典、抛弃制度。再说，熟悉以前的制度，就容易克敌制胜；用惯了以前的武器，就不会有什么困难。现在士兵都用惯了以前的各种兵器，而君王您又要完全改换，这是损害君王声誉、削弱国家力量啊。没有百倍的利益就不要改变风俗，没有十倍的功效就不更换武器。现在君王抛弃本国的军事制度和兵器，而实行胡人的骑射，我担心这样做得不偿失啊！”

推广“胡服”已积累了经验和信心的赵武灵王说：“古代和当今的利益观念有所不同，边远地区和中原地区使用的器具也各不一样。阴阳的变化有不同的规律，四季的推移各有所宜。所以，贤明的人观察时俗而不被时俗所牵制，操纵兵器而不被兵器所操纵。您只知道官府的旧法典，而不知道器械的便利；只知道兵器铠甲的用途，而不知道根据情况变化去使用它们。兵器如果使用不便，为什么不可以改换？教化如果不符合客观规律，为什么不可以改变？从前先君襄主当政时，与代国国界相接，就在边境筑城加强防卫，城门叫无穷之门，以此昭示后世子孙，希望他们获得长远利益。现在穿着沉重的铠甲，拿着长长的武器，无法越过险要之地；讲究仁义道德，不能使胡人臣服。我听说忠信不放弃功业，智慧不忘记时机。如今您以官府的旧法典来破坏我的事业，这是您不聪明的地方。”

牛赞被赵武灵王这番有理有据有力的话所震慑，他拜了两拜，叩头说：“臣下怎么敢不听从君王您的命令呢？”于是赵武灵王穿上胡服，率领骑兵攻入胡地，从挺关出发，越过重重要隘，穿过许多险地，到达榆中，开拓了千里疆土。

胡服骑射改变了中原服饰的风格，增强了赵国的军事实力，促进了民族的融合，使赵国一跃成为可以和秦国平分秋色的强国。可是，特立独行的赵武灵王壮年退位做了主父。君王成了主父，却依然雄心勃勃。

人从国君之位退下来了，心却未从争霸中原的欲望中退下来。在攻灭中山国后，赵武灵王又想要夺回王位、称霸中原，结果政变失败，被困死沙丘宫。就这样，一代雄主的称霸之梦消歇于沙丘遗恨之中，但胡服骑射的丰功伟绩却铭刻于史册流传千古。

燕昭王——为隗筑宫聚贤才

李贺《雁门太守行》诗中名句“报君黄金台上意，提携玉龙为君死”于悲壮苍凉的意境中勾勒出誓死报效国家的将士形象，寥寥数语却有极强的震撼力，令人依稀看到那尘土飞扬的古战场上，为报答国君招用贤才诚意的勇猛之士正挥舞着利剑为君为国浴血奋战。这传颂千古的诗句化用了“黄金台”的典故。黄金台，即招贤台，相传是战国时燕昭王为宴请天下贤士而筑造的。当时只言筑台而无“黄金”二字，自鲍照《放歌行》“岂伊白璧赐，将起黄金台”始见黄金台之名。

当年齐宣王攻破燕国，不甘亡国的燕国人民奋起反抗，各国诸侯为了各自利益也纷纷派兵救燕，齐军被迫撤退。赵国送燕公子职返国即位，是为燕昭王。曾经在韩国做人质的公子职被立为王，本是件可喜可贺的事，但于内忧为患之中登上王位的燕昭王却心事重重。如何收拾残破家国？如何报仇雪耻？燕昭王不愧是有为之君，他明智地将选才用贤作为强国的首要任务。燕昭王降尊纡贵，态度诚恳，用丰厚的礼品延聘贤士，希望能物色到治国的奇才。燕昭王听说郭隗是有识之士，便特地去拜见。见到郭隗先生后燕昭王谦恭有礼地说：“齐国趁我国内乱，突然袭击，攻破了我们的国都，此实为平生恨事，但我燕国国小力弱，无力报仇。得到贤能的人和我共同治理国家，使国力强盛、人民富足，以雪洗先王的耻辱，这就是我的心愿。请问先生，怎样做才能实现为国报仇的心愿呢？”

郭隗对燕昭王的礼贤下士早有耳闻，却并不急着回答燕昭王的问题，而是不慌不忙地讲起为君之道来：“称帝之君与贤者共事，称王之君与朋友共事，称霸之君与臣子共事，亡国之君与仆役共事。如果能屈尊侍奉贤者，谦恭地接受教导，那么才干超过自己百倍的人就会到来。如果做事抢先而休息在后，发问在前而沉默在后，那么才干超过自己十倍的人就会到来。如果跟着别人亦步亦趋，那么才干与自己相当的人就会到来。如果身靠几案，手拄拐杖，斜眼看人，颐指气使，那么干杂活的人就会到来。如果蛮横无理，暴虐粗野，任意呵斥，那么唯命是从的奴隶就会到来。这是古代施行王道和招揽人才的办法。”

郭隗将这番层次分明的话有条不紊地说完后，不由得对燕昭王暗暗称许，自己说话时燕昭王一直认真倾听，虽然自己没有直接回答燕昭王的问题，但燕昭王并没有露出丝毫不耐烦的神色。郭隗这才突出重点地说道：“大王如果能广泛地选用国内有才能的人，并亲自登门拜访贤士，那么天下人听说大王亲自拜访贤臣的事后，各国的有识之士又怎能不纷纷奔赴燕国呢？”

燕昭王恳切地问道：“那我应该去拜访谁呢？”郭隗先生和刚才一样不疾不徐地“自说自话”道：“我听说古代有位国君，想以千金求购千里马，可是买了三年也没有买到，国君为此甚为不快。宫中的一个内臣便对国君说：‘请让我去买千里马吧。’国君就派他去了。这个内臣用了三个月的时间找到了一匹千里马，可是马已经死了，就用五百金买下了死马的头，返回来向国君复命。国君听说他用了三个月的时间就找到了自己买了三年都没买到的千里马，非常高兴，可当他看到所谓的千里马不过是一个死马头时，大怒道：‘我要的是活的千里马，为什么要买死马头而浪费五百金呢？’内臣回答道：‘死马头尚且肯用五百金买来，更何况是活马呢？天下人一定会因此认为大王您是真心想买良马，那么您曾求之不得的千里马就要来到了。’果真在这以后不到一年，送上门来的千里马就有三匹。现在如果大王真心招揽贤才，就先从我开始吧，像我这样的人尚且被任用，更何况比我更有才干的人呢？他们难道还会嫌燕国太远而不肯前来吗？”

这次轮到燕昭王给郭隗点赞了，心想，郭隗这个比方打得太好了，现在的自己不正是那苦求千里马而不得的国君吗？自己今日的亲自拜访、虚心受教就是那五百金，而郭隗这具有内臣之远见的引玉之砖已经为燕国的复兴之路做好了铺垫。现在要做的就是让天下贤士知道自己的“求马之心”，于是燕昭王为郭隗修筑宫殿，尊他为师。不久，魏国乐毅、齐国邹衍、赵国剧辛等有才干的人先后聚集到了燕国。这些人才贤士协助燕昭王改革内政、整顿军队，使燕国吏治日趋清明、国力日趋强盛。

在燕昭王与贤臣同心协力，与百姓同甘共苦，兢兢业业地奋斗了二十八年后，燕国殷实富足，百姓生活安适，战士勇于作战。为国雪耻的时机成熟了，燕昭王任命乐毅为上将军，与秦、楚、赵、魏、韩等国联合讨伐齐国。齐国军队大败，齐湣王逃往国外。燕国军队独自追击败逃的齐军，直至攻入齐都临淄，把齐国的珍宝全部掠去，烧毁齐国宫室宗庙。齐国的城邑，只有莒和即墨没有被攻下。

燕昭王多年来孜孜以求的雪耻之愿终于得以实现。燕国由此进入了鼎盛时期，燕昭王也跻身于战国时代重要国君的行列。

燕昭王为郭隗筑宫而得聚贤才，举贤用士而得以报仇雪耻，已成为千古佳话。黄金台也成为历代诗人歌咏的对象，它是明君尊贤重士的象征，也是士人们心之所念。富贵荣华固然打动人心，然而相知相惜的君臣遇合才是士人真正的所盼所求。“士贵相知深，岂为多黄金”，如有黄金台上的提携之意，陶渊明或许不会慨叹“不为五斗米折腰”，李白亦不会悲鸣“安能摧眉折腰事权贵，使我不得开心颜”吧。

中山君——羊羹亡国多慨叹

《战国策》记载了战国时代十二国之事，中山国为最后一国，所载之事不过十篇而已，且较为凌乱，读来有种雾里看花的朦胧之感，却也不乏扣人心弦之语，比如中山君的那声仰天长叹。中山君算不得有为之君，虽侥幸称王，却名不副实；虽举士朝贤，却不合时宜，其他与之相关的记载不是和弄权之臣有关，就是和食物相关。

中山国的国土嵌在燕赵之间，赵武灵王这个雄心勃勃的君王，看着这近在咫尺的“美味”，不免有垂涎之意。为了攻打中山，赵武灵王派李疵去察看情况。李疵侦察回来后向赵武灵王汇报说：“您可以进攻中山国了。”赵武灵王听了甚是欢喜。这时李疵又说：“如果君王您再不出兵攻打，恐怕就要落在别的国家后面了。”赵武灵王心里一惊，那么多人想与我分羹啊？不由得问道：“这是什么缘故呢？”李疵回答说：“中山国国君，到穷街窄巷拜访读书人，拜访了七十家之多。”赵武灵王听闻此言觉得莫名其妙，这个李疵舟车劳顿累糊涂了吧？皱眉问道：“如此礼贤下士，是位贤君啊，怎么可以攻打呢？”李疵不以为然地摇头道：“不是这样。举用读书人，那么百姓就会致力于扬名，而不会把心思放在农耕和作战上；拜访贤者，那么农夫就会懒于务农，战士就会怯于作战。像这样而不亡国的，还从来没有过。”

乍听之下，李疵之言犹如胡言乱语，但若深思熟虑，其言不乏道理。承春秋乱世的战国时代，各国为了获取土地、财富、人口不断进行着兼并战争。在这样的时代背景下，列国都以奖励耕战为要务，以求自保自强，中山国却推行“贵儒学贱壮士”政策，这种不合时宜的举措不免使中山国出现“兵弱于敌，国贫于内”的局面。正因如此，李疵才会有此言论。中山国的危机赵国君臣看在眼中，赵国君臣的心思中山君却不知道，这个举士朝贤的国君正忙着礼贤下士呢。

中山君设宴款待国都中的士人，大夫司马子期也在其中。国君的盛意，可口的美食，觥筹交错之间一片祥和。可这和谐的气氛被一道美食给破坏了。羊羹端上来了，香气四溢，令人食指大动。众人喜滋滋地品尝美味时，有一个人却怒不可遏。这人就是司马子期，满心欢喜地准备一尝美食的他，等了半天，却没等到那份属于自己的羊羹。也不知是这羊羹做得太少了，不够分，还是中山君待客不周，遗忘了司马子期，总之这美味的羊羹偏偏没有分到司马子期那里。别人品尝羊羹时满足的神态，以及周围人看他时眼神中那若有若无的玩味之色，令司马子期一时间百感交集，失望、不解、难堪渐渐变成了愤怒。不过是没能如愿以偿地吃到美食而已，能愤怒到哪儿去呢？还真不能小看了这因美食而起的冲冠一怒。史上亦有前车可鉴，《左传》中便有这样一个因美食而引出祸端的故事。

春秋时期，宋郑两国交战。战前，宋国的主帅华元杀羊犒劳士兵，却没给他的驾车人羊斟吃。没吃到美食的羊斟很愤怒，但谁也没把这个驾车人的愤怒当回事。等到作战的时候，羊斟说："前天杀羊犒军的事，由你做主；今天驾车作战的事，由我做主。"于是这个因为没吃到美味而愤怒的羊斟竟驾车驰入郑军，车上的华元被俘，宋军因此战败。战后，宋国人向郑国赎取华元，东西才给了一半，华元就逃回来了，他站在城门外，通报身份后进了城。见到羊斟后问道："你的马不听使唤才闯入敌阵的吗？"华元实在有些不能相信羊斟会因为没吃到羊肉而做出这样疯狂的举动。羊斟倒也是个坦荡的真小人，回答说："不是马的问题，而是人的问题。"答完话就逃奔到鲁国去了。这就是因未能满足口腹之欲而心生愤怒的可怕后果，居然为一己之私，而罔顾国家利益。

这个同样因为未能吃到美食而愤怒的司马子期又会做出什么样的事情呢？盛怒之下的司马子期离席而去，而后怒气难消的他去了楚国。司马子期去楚国可不是为了散心的，而是为了游说楚王出兵进攻中山国的。楚王还真的听了司马子期的话，派兵攻打中山国。楚军来势汹汹，中山君被逼逃亡。

司马子期之怒与羊斟之怒何其相似，无独有偶的还不仅于此，华元有侥幸逃脱的幸运，中山君亦有不幸中之万幸。狼狈出逃的中山君发现有两个人提着戈一直跟随在自己后面，显然是想保护自己，可这两个人并不是自己的卫士。中山君问两个人说："你们是干什么的？"那两个人回答说："臣下有老父，曾经饿得快要死了，君王您赐了一壶熟食给他吃，使老父得以活命。老父临死的时候说：'中山国一旦有难，你们一定要为中山国效死。'现在国难当头，我们来效死报恩。"处于难中的中山君仰天长叹说："施与不在于多少，而在于时机，应在别人最困难的时候施与；结仇不在于深浅，而在于是否伤人心。我自以为礼贤下士却因为一杯羊羹导致国家灭亡，而无意当中施与的一壶食物却赢得了两位忠义之士。"

无所作为的中山君这声感叹倒也动人心魄，羊羹亡国、壶飧得士，生动演绎了"勿以恶小而为之，勿以善小而不为"，也深刻解读了"人心叵测，险于山川，机阱万端，由斯隐伏"。千年前亡国之君的这声感喟，是否也震荡了你的心扉？

卫嗣君——百金赎犯过必罚

《战国策》中除了宋卫两国合并一策外，其他各国均独立成策，而且如齐秦那样的强国都分为几个策，宋卫策却仅有一策。从这种对比中可以显而易见地看出各国的强弱，显然，卫国相比于齐秦不过是一区区小国，可这小国倒也并非乏善可陈，它亦有值得我们关注的地方。比如卫嗣君虽被认为是位小聪明过剩、大智慧欠缺的国君，但其所言所行却有可圈可点之处。卫嗣君，卫平侯之子，姬姓，卫氏，名已失传。《战国策》中关于卫嗣君的记载，如他简洁明了的生平介绍一般，仅两则而已，且字数不多。即便如此，这位小国的无名之君却因其为数不多的智言慧行令人难忘。

说其智言慧行为数不多，不仅是因为相关的记载不多，还是因为卫嗣君并非明君。卫嗣君想将国家治理好，却不懂治国之道，自作聪明地令奸佞互相抗衡，反使自己更受蒙蔽。卫嗣君看重如耳，喜爱世姬，又怕他们两人自恃受宠来蒙蔽自己，就抬高薄疑和如耳匹敌，推重魏姬与世姬并列。他自以为用此方法可以使他们互相抗衡，这样自己就不会受到蒙蔽了，却忘记了人是凭着全面防备才不致受伤，君王是依靠完全警惕才不致受蒙蔽。这样的卫嗣君也就难免会被人看轻。

卫嗣君病重，富术对殷顺且说："您按照我的话去劝谏国君，要完全按我的话，不要增加或减少，国君一定会善待您的。"见殷顺且露出怀疑的神色，富术解释道："人活着时的所作所为，与他要死时的想法是不一样的。当初国君在世上所做的是享受荣华富贵，所任用的是绁错、拏薄一类的佞臣。群臣都认为国君不把国事放在心上，只贪恋富贵荣华，一定没人和他谈论国事。现在您对国君说：'大王治理国家的所作所为大错特错了，绁错在国内独断专行，拏薄则助纣为虐，长此以往，卫的祖先公孙氏的祭祀必将断绝。'"后来，殷顺且不增不减地用这番话去劝谏卫嗣君。卫嗣君听完这些话后竟说："好。"他把相印交给了殷顺且，说："我死之后，就由您来执政管理卫国。"卫嗣君死后，殷顺且按先君的遗命出任相国，辅佐卫嗣君的儿子公子期，绁错、拏薄之流都被驱逐了。一切果如富术所料。虽说富术对卫嗣君有轻视之意，但不得不说富术对卫嗣君是很了解的。富术知道卫嗣君虽然行事荒唐，但确有励精图治之心，听到这样的劝谏后，必会有所醒悟。

或许正是因为卫嗣君一直有这样的治国之志，所以在位期间虽失于明察，但亦有值得称颂之事。卫嗣君执政的时候，一个罪犯逃到了魏国，卫国想以百金来赎回他，卫国的使者在两国间奔波往返了几次也没有成功，魏国就是不同意给人。卫嗣君见魏国一再拒绝请求，以为魏国是嫌百金太少，便打算用卫国的左氏之地来和魏国交换。以一座城邑换一个罪犯，这么财大气粗的事，可不是卫国该干的啊。原为西周第一大国的卫国，春秋时已降为中等诸侯国，到战国时更加衰微，最后仅剩濮阳城（今河南濮阳西南）一弹丸之地。后来秦始皇灭六国，卫国就是因为弱小才得以保存。这样的卫国竟舍得用一个城邑换一个罪犯，这事在我们看来可能觉得有点可笑和奇怪：不就是一个罪犯潜逃了吗？值得这样大费周章吗？难不成这个罪犯是个曾想颠覆卫嗣君统治的政治犯？那魏国也真是奇怪，为什么宁可不收百金、不要城邑，偏偏就要一个有罪之人呢？

《韩非子》中记载的此事，倒是可以解释魏国何以如此坚持。原来，卫国的这个罪犯跑到魏国后，就在替魏襄王的王后治病。估计是医术还不错，治疗效果显著，所以魏王才怎么都不肯将这个罪犯交给卫国。魏王的行为也算事出有因，那卫嗣君又为何非得赎回罪犯呢？群臣们认为国君此举实在是太不可理喻了，纷纷劝谏卫嗣君说：“用百金和左氏之地去赎回一个罪犯，恐怕不值得吧？”卫嗣君说：“治理得安定不是因为国小，治理得混乱不是因为国大。教化晓谕百姓，三百户人家的城邑也可以治理得安定太平；百姓不懂廉耻，即使有十座左氏邑，又有什么用处呢？”被认为不重视国事的卫嗣君居然能说出如此有见识的话来，令群臣皆是一惊，国君此言甚是，如果不设立法令，不兑现赏罚，百姓没有廉耻，就是有十个左氏邑又有什么裨益呢？如果设立法令，兑现赏罚，百姓懂得廉耻，即使失去十个左氏邑又有什么损害呢？如此高瞻远瞩、深谋远虑的卫嗣君不仅令群臣刮目相看，也令魏王心生敬意。魏王听闻卫嗣君所言后感慨道："卫君想治理好国家，我却不答应他的要求，这是不吉利的啊。"于是命人将罪犯送到卫国，无代价地交付给了卫嗣君。

卫嗣君不惜以损失百金和城邑为代价，也要赎回罪犯的行为貌似可笑，其实却是明智之举。以此为戒，有过必罚，杜绝逃亡之事继续发生，使法令得以贯彻、执行，使百姓知廉耻、辨是非，这些收获又岂是百金和一城可以相比的？有法不依，执法不严，不只是对无辜者的深度伤害、邪恶者的无度纵容，更是对国家法律的轻蔑、对国家利益的轻视。

三

美人心计

《绘图前后七国志演义》插图（据民国印本）

宣太后——胆色过人性不羁

提及干预朝政的女性，我们脑海里多半会跳出临朝称制的吕后、自立为皇的武则天、垂帘听政的慈禧，这些王的女人用她们的铁血柔情在天子的家国大事中演绎着自己独特的人生。其实早在她们之前，战国时代的秦国宣太后就以其过人胆色在动荡的时局中展现出令人惊叹的绝代风华。

宣太后，秦惠文王之妾，秦昭襄王之母。芈姓，又称芈八子、秦宣太后。她助子夺位，主掌朝政，诱灭义渠，将秦国从七雄之一变成最强，为秦始皇统一天下奠定基础。据说，太后之称始于她，太后专权也始于她，就连举世闻名的兵马俑不单属于秦始皇，也属于这个不让须眉的奇女子。无论是从亦真亦幻的后世评价里，还是于史书典册的记载中，我们都不难看出她是一个敢作敢为的女子。宣太后如一匹胭脂烈马，驰骋于历史风云，一介女流执掌秦国大权几十年，已让人惊叹不已，而她豪放不羁的言行更是惊世骇俗。

与她辉煌政绩一起被载入史册的还有她的风流韵事和大胆言词。《史记·匈奴列传》载：秦昭王时，义渠戎王与宣太后乱，有二子。宣太后诈而杀义渠戎王于甘泉，遂起兵伐残义渠。于是秦有陇西、北地、上郡，筑长城以拒胡。彼时，义渠国虽已臣服于秦，但因继位的秦昭王年幼弱小，义渠王竟明目张胆地侵扰边民、蚕食边土。摄政的宣太后知道这义渠王是欺负他们孤儿寡母势单力薄，权衡之下一改先前正面征讨的政策，转而采用拉拢腐蚀的策略，将美艳的自己作为收服强敌的武器，化弱为强终灭义渠。这一招美人计稳定了秦国边境、开拓秦国疆域，却也使宣太后艳名远播。

《战国策·秦策》中毫不掩饰地记载着"秦宣太后爱魏丑夫"之事。魏丑夫，名余，魏国人，在秦国为臣，深得宣太后喜爱，两人的私情已是秦国政坛公开的秘密。宣太后病重将死之际，对这个情人依然念念不忘，特意下令说："如果我死了，安葬我的时候，一定要让魏丑夫为我殉葬。"宣太后这份生死相随的情意，对魏丑夫来讲实在是缠绵悱恻到了寝食难安的地步。或许两情相悦时，魏丑夫说过愿与太后同生共死的誓言。可誓言里的海枯石烂、天荒地老不过是个美好的愿望，谁又见过海枯石烂，谁又等得到地老天荒呢？太后不离不弃的深情令魏丑夫忧虑非常，要知道太后之言可不是虚无缥缈的爱情誓言，而是真的会要人命的金科玉律啊。他真想和宣太后说句"我们今生无缘来生再聚吧"，可是他不敢说啊，说了只怕都等不到当殉葬人就一命呜呼了。

就在魏丑夫惶惶不可终日之时，救星出现了。大臣庸芮为魏丑夫之事向宣太后进言道："您认为死了的人有知觉吗？"太后说："当然没有知觉了。"庸芮点点头说："像太后这样睿智聪慧，明明知道人死之后是没有知觉的，为什么还要白白地把自己所喜爱的活人和没有知觉的死人同葬呢？"宣太后明白这是劝她不要对小魏恋恋不舍了，该放下就放下吧。她也知道庸芮的话有道理，可是她就是舍不得放下啊，不想孤孤单单地走。正左右为难时，庸芮说道："如果人死之后真的有知觉的话，那么故去的惠王在九泉之下早就不知道有多么生气了，太后您补救过失还来不及，哪有闲工夫去宠爱魏丑夫呢？”庸芮此言幽默而大胆。身为人臣胆敢暗讽先王和当今太后，这岂不是大不敬之罪？可这话里又透着世俗的幽默，令人仿佛看到一位火冒三丈的吃醋丈夫正怒气冲冲而来。宣太后闻其言竟未生气，反而微微笑了笑，是啊，如果死后有知，自己那英明神武、气势凌人的先夫定会将魏丑夫吓得抱头鼠窜、惊慌失措，那样的画面还真有几分趣意。若是泉下有知，有了先夫，又何需魏丑夫呢？若是泉下无知，自己犹自“酣睡”，又何需魏丑夫的陪伴呢？太后于是说：“你的话有道理，这件事就算了吧。”太后就此放下了让魏丑夫为她殉葬的事。魏丑夫能逃过一劫，自然要感谢庸芮的机智雄辩，却也托了宣太后性情豪放的福。如果不是太后如此性情，怎会采纳庸芮那有大不敬之嫌的进言？

宣太后的豪放不羁还表现在她谈论政事的言语当中。其言词自由奔放得令世人瞠目结舌。最具代表性的当数宣太后与韩国使者尚靳的那段对话。当时，楚国围攻韩国的雍氏已有五个月。韩国派往秦国求救的使者络绎不绝，可是秦国军队就是不出殽塞援助韩国。韩国又派尚靳出使秦国，尚靳对秦王说：“韩国对秦国来说，平时是屏障，战时是先锋。如今韩国遇到危难，秦国军队却不出殽塞援助。臣下听说，唇亡则齿寒，希望大王好好考虑一下。”宣太后知道后，说：“韩国的使者来了很多，只有尚靳的话说得对。”于是召见尚靳。宣太后对尚靳说：“我服侍先王的时候，先王把他的大腿搭在我的身上，我感到疲惫不堪；但他把身子全压在我身上，我倒不觉得他有多重，为什么呢？因为他对我有好处。如今救援韩国，如果兵力不足、粮食不多，就不足以解救韩国。挽救韩国的危亡，每天要耗费千金，难道就不能稍微给我一点好处吗？”

清人王士祯读此言批点道：“此等淫亵语，出于妇人之口，入于使者之耳，载于国史之笔，皆大奇！”（《池北偶谈》）这样的比方，这样的言辞，这样的不羁，怎能不令使者目瞪口呆？怎能不令读者万分惊诧？怎能不令史家特此一书？惊讶过后忍不住感叹，这就是绝无仅有的宣太后啊，豪放不羁的别样女子，爱恨得失皆成传奇。

齐襄王后——不让须眉奇女子

翻阅《战国策》不免频频为策士们的智言慧语而赞叹，偶尔一两个智慧女子的身影翩若惊鸿，令人眼前一亮。齐襄王后，一个特立独行的奇女子，有眼光，自择夫婿；有孝行，以礼待父；有才干，安邦定国。这样一个有胆有识的女子，如何不令史家另眼相看？于是有了这史册中难得一见的女性小传。齐襄王后，自然是齐襄王的王后。在她成为王后之前，是齐邑莒地太史敫之女。一个小小的太史之女如何能自择了齐国国君为夫婿呢？说来倒是一段倾国之恋。如同香港的沦陷成就了白流苏与范柳原刻骨铭心的爱情一般，齐国的灭亡成就了齐襄王后与齐襄王相濡以沫的婚姻，不同的是前者是张爱玲小说《倾城之恋》中虚构的情节，后者是史书《战国策》中真实的史事。

公元前284年，燕国攻打齐国，燕国大将乐毅带兵攻占了齐国都城临淄，接连攻下齐国七十余城，灭亡了齐国，仅剩莒和即墨两城未被攻克。齐湣王逃奔到莒地，被齐相淖齿杀死，太子法章改变姓名，在莒地太史敫家做用人。太史敫的女儿，一个兰心蕙质的多情少女，见法章相貌奇伟、言谈举止不凡，认为他绝非池中之物、寻常之辈。而落魄太子法章那忧郁的气质又十分惹人垂怜，春心萌动的少女不由得对他万分怜爱，经常私下里给他衣服食物。逃亡中法章对这个聪慧体贴的少女渐生好感，两情相悦的二人终于暗通款曲。在他们甜甜蜜蜜的时候，有人正忙忙碌碌。莒地的民众和齐国逃亡的臣子聚在一起，寻找齐湣王的儿子，想要立他为王。太子法章见时机成熟就向莒地人表明了自己的身份，臣民们共同拥立法章为齐襄工。

齐襄王即位后，立太史的女儿为王后，生下太子建。太史之女与法章的倾国之恋变成了举国之喜，自由恋爱修成了正果本是喜事一桩，可太史敫得知了女儿的非主流情事后大为震怒，尽管女儿很有眼光地把自己嫁给了齐国最有价值的黄金单身汉，但他实在无法接受知书达礼的女儿竟然背着自己做出这样有违礼教之事，愤恨地说："没有媒妁之言就自行出嫁，她不配做我的女儿，她玷污了我的门风，毁了我的清名。"爱有多深，恨就有多深，这位严父终生不肯见女儿。与先前大胆冲破世俗礼教自行婚配不同，已贵为王后的太史之女，并没有因为父亲不见她而怨恨父亲，丧失做女儿的礼节，依然礼数有加地对待父亲。贤淑而有孝行的王后得到了大家的称赞。

这样的君王后在大多数人眼里已是幸福的了，有可以依靠的国君丈夫，还有一个被立为太子的儿子。女人一生中最重要的男人是父亲、丈夫、儿子。虽然父亲至死不肯原谅自己的年少轻狂，但是拥有称心如意的丈夫和听话的儿子，亦算圆满了。只是世事无常，总有缺憾。一对有情人未能相伴到老，齐襄王先她而去，君王后不得不承担起家国重担。齐襄王死后，太子建继立为齐王。君王后和强国秦国交往十分谨慎，与诸侯相处讲究信义，因为这个缘故，齐王建在位四十余年，齐国没有受到别国的攻击。如此政绩，怎不令人佩服？特别是解玉连环一事，君王后的过人智慧尤为令人钦佩。秦昭王曾经派使者送玉连环给君王后。玉连环如果只是一件礼尚往来的礼物，即便价值连城，恐怕也不值一提，引人瞩目是因为这玉连环中暗藏着智与勇的较量。秦王的使者貌似恭敬而实则挑衅地说："齐国人足智多谋，能够解开这个玉连环吗？"君王后把玉连环给群臣看，群臣都不知道如何解开。秦国使者看着齐国那些愁眉不展的大臣，脸上露出了得意的笑容。就在这时候，君王后拿起锤子敲断了玉连环，清脆的断裂之声，瞬间石化了满朝文武和那刚才还得意扬扬的秦国使者。君王后向秦国使者谢罪说："遵照秦王的想法把它解开了。"有人说君王后此举"一锤震敌胆，强于百万兵"，实不为过，君王后有胆有识、有勇有谋的女英雄形象也由此一锤定音。

这个奇女子的离世也显得那么独特，君王后病危将死的时候，她告诫齐王建说："群臣之中可以重用的有某某人。"齐王建说："请让我写下他们的名字。"君王后说："好。"齐王建拿来笔和竹简准备记下君王后的遗言。君王后却说："老妇已经忘了。"君王后死后，后胜做了齐国的相国，他私下接受了很多秦国的黄金美玉，派遣宾客去秦国，回来后向齐王汇报时多不讲实情，劝齐王建去朝见秦王，而不考虑整顿战备，做打仗的必要准备。后来，秦国派陈驰诱骗齐王建去秦国，答应割让五百里土地给齐国。齐王建不听即墨大夫的劝谏而听信陈驰的谎言，去了秦国。秦王把齐王建囚禁在边远的共地，让他居住在荒僻的松柏之间，饥饿而死。在这件事之前，齐国就有为齐王唱的歌谣："松树啊！柏树啊！让建住在共地的，就是那些齐国到秦国去的宾客啊！"齐国的基业就这样葬送在"松邪！柏邪！"的哀伤挽歌之中。

齐襄王死，君王后使齐国能在战乱频仍的时代中几十年不遭他国攻击；君王后死，平安在位几十年的齐王建不久便葬送了齐国基业。一位身系国家安危的智慧母亲，一个不能明辨是非的平庸儿子。君王后，替夫担待了国之兴亡，是一个令人崇敬的传奇女子；替子担待了国之存亡，却是一个令人叹惜的失败母亲。临终前的遗忘，何尝不是她无法言说的痛？不让须眉的传奇女子，却输掉了儿子的未来，得失成败就随一句“老妇已经忘了”散落在历史的旧梦里了。

赵威后——问有本末寓意深

赵威后，赵惠文王妻，赵孝成王母。惠文王卒后，其子孝成王立，但因年幼，由其母赵威后摄政。诸位对这个代子执政的赵威后是否有似曾相识之感？那是因为她就是为人所熟知的“触龙说赵太后”中的那个疼爱儿子、拒纳谏言的赵太后。其实，赵威后不仅是一个爱孩子的母亲，还是一个很有见地的女政治家。我们都知道唐太宗的那句体现出民本思想的名言：“君，舟也；人，水也。水能载舟，亦能覆舟。”这位早于唐太宗千年的太后就曾让我们见识到这种以民为邦本的思想。

齐襄王派遣使者去问候赵威后，使者将齐王写给赵威后的书信呈上。赵威后没有打开书信，就问使者道：“年景还好吧？百姓平安无事吧？大王也康健吧？”使者原本以为赵威后会先看齐襄王的书信，结果赵威后竟连信封都不曾开启就开始和自己“对话”了。使者心里正暗自琢磨这个赵威后似乎不把齐国君主放在眼里时，就听到赵威后问了一串问题，未听之前就已经暗生怨气了，听完赵威后的问话更是一脸的不高兴了，说：“臣下奉命来问候您，如今您不问候大王，却先问年景和百姓，难道可以把卑贱的放在前面，而把尊贵的放在后面吗？”

看着面带愠色的使者，赵威后不紧不慢地说：“不是这样的。如果没有好年景，靠什么养育百姓？如果没有老百姓，怎么能有国君？哪有撇开根本而先问枝节的呢？”又是一连串的问题，使者被问得哑口无言。的确，没有好年景就没有足够粮食，没有足够的粮食就无法让百姓安居乐业，百姓无法安居乐业就会影响国家的稳定，国家不稳定国君还如何康健？赵威后的提问顺序哪里有错呢？一个国家没有了百姓，如何称之为国家呢？国家都没有了，国君还如何定邦安国？刚刚还振振有词的使者此时不再义愤填膺，而是理屈词穷。尊贵的一国之君不再尊贵，卑贱的草民不再卑贱。赵威后的逻辑竟然合理得让人无从反驳。

见使者沉默，赵威后便继续问道：“齐国有个叫钟离子的隐士，他还好吗？这个人的为人，不论有粮食的还是无粮食的，他都给他们饭吃；不管有衣服的还是没有衣服的，他都给他们衣服穿。这是在帮齐王养活百姓啊，为什么到现在还不给他个官职呢？叶阳子身体好吗？这个人的为人，怜悯鳏夫寡妇，抚恤孤儿老人，救济穷困的人，补助缺衣少食的人。这是帮助齐王使百姓生息繁衍的人，为什么直到现在还不让他成就功业呢？北宫家的孝女婴儿子也还好吧？她撤去了玉环耳坠，一直到老都不出嫁，尽心奉养父母。这是给民众做表率、教导百姓奉行孝道的人，为什么至今还不封她为命妇呢？这两个贤士不能成就功业，一个孝女不能入朝进见，齐王靠什么来治理国家，抚爱百姓呢？於陵子仲还活着吗？这个人的为人，上不向国君称臣，下不治理他的家，中不和诸侯结交。这是带头要百姓做对国家毫无用处的人，为什么到现在还不杀掉他呢？”

又是一连串的令使者无法作答的问题，这些问题表面上是关心贤士孝女，其实与前面三问一以贯之，皆关乎民事，前三问强调民为根本，后四问意在执政为民。诚如赵威后所言，钟离子、叶阳子两人颇有才德，却并未得到齐王的重用；北宫家的孝女尽人皆知，却并未受到齐王的接见；於陵子仲一如既往地“悠闲度日”，却也未受到齐王的责难。这些齐国的平常小事、平凡人物被赵威后放在一起这么一问，怎么就别具意味了呢？使者即使有心维护自己的国君，却也有心无力。有德贤君怎么会不招贤纳士、不表彰孝行？有识明君怎么会不奖善惩恶、教化百姓？赵威后这貌似波澜不惊的关心慰问，实则恰似波澜壮阔的海浪，一浪高过一浪，将齐王的昏庸无道冲上"沙滩"，显于人前。此时的使者早已没了初到时的盛气凌人，赵威后那层层推进的排比问句，那言浅意深的弦外之音，已经让使者暗暗叹服。齐王的视为不见、威后的问有深意；齐王的为政无道、威后的以民为本，两相对比，高下立见，自己还如何辩驳？

一篇《齐王使使者问赵威后》读到最后成了"赵威后问齐王使者"，自然两个"问"字含义不同，前者为"聘问"，后者是"询问"。赵威后民为邦本的治国理念正因问而显，让千载后的我们赞叹不已。正如清人林云铭所评：篇中直问到底，意庄而词甚婉，读之，唯见威后灵心慧舌满纸飞动而已。史家多半吝笔墨于女性，有幸荣登史册的女子，或有月貌花容，或有远见卓识，赵威后自是属于后者。花容月貌总在岁月流转中飘逝为扇底香风、明日黄花，远见卓识却能横亘古今、万古长青。

郑袖——掩鼻计成害美人

红颜，即美丽的女子。红为胭脂之色，颜指女子之面庞。古代女子以胭脂敷面，装点出红润娇艳的容颜，故常以红颜代称美丽女子。红颜，一个水样温柔的词语，惹人怜爱，令人心动。只是不知为何这个柔美的词语，总让人不自觉地联想到两个让人慨叹的词语——红颜薄命、红颜祸水。在《战国策》的《魏王遗楚王美人》篇中的两个美人，一个是红颜薄命，另一个是红颜祸水。

这个红颜祸水名为郑袖，是楚怀王的宠妃，史上有名的坏女人。《史记·屈原贾生列传》载："怀王以不知忠臣之分，故内惑于郑袖，外欺于张仪，疏屈平而信上官大夫、令尹子兰。兵挫地削，亡其六郡，身客死于秦，为天下笑。"司马迁这寥寥几笔便足以将郑袖定位于"红颜祸水"了。貌美如花、心如毒蝎的郑袖是个名副其实的蛇蝎美人。她貌美丽、性聪慧，却善嫉妒、心歹毒。楚怀王宠爱魏美人，她巧设毒计让怀王割掉了魏美人的鼻子；楚怀王欲杀张仪，她为私利劝怀王释放了张仪。或许郑袖不是有心要成为祸国殃民的红颜祸水，但她为了固宠而不择手段，最终成为害人害己的"祸水"。

拥有如花美貌、深受君王宠爱，这对身在后宫的女人来说既是幸事，又是枷锁。未得君宠盼君顾，已得君心患情薄。郑袖身为楚怀王的宠妃自然也逃不过这样的纠结。楚怀王固然对她宠爱有加，然而她并非怀王唯一宠爱的人。君王身边总围绕着争奇斗艳的"花花草草"。魏美人便是这样一朵娇艳的花儿。这个美人是魏王特地送给楚王的，自是尤物一个。千娇百媚的魏美人深得楚王欢心。魏美人"福气"不小，不但楚王喜欢她，连夫人郑袖也对她十分"喜爱"。服饰珍玩，选美人喜欢的去制作；宫室卧具，按美人喜欢的去布置——郑袖爱护美人的程度甚至超过了楚王。楚王起初还担心郑袖会因为自己宠爱魏美人而心生嫉妒，没想到郑袖竟如此大度，不禁对郑袖大加赞许："妇人用来事奉丈夫的，是美色；然而妒忌是女人的天性。如今郑袖知道我喜欢这个新人，她爱护新人超过了我，这真比得上孝子侍奉双亲，忠臣服侍君主了。"

楚怀王的话让郑袖知道怀王对自己不再戒备了，自己的优异表现已经令怀王认为自己对魏美人没有任何嫉妒之心了。郑袖美丽的脸上绽放出冰冷的笑容，她知道自己可以开始实施下一步行动了。怀王真傻，明明知道女人天性善妒，却还愚蠢地相信我是真心爱护新人。魏美人更傻，竟还把我当成姐姐一般，对我言听计从。怀王啊，你和新人相视而笑的时候，哪里还在乎我的心酸无奈？魏美人啊，你也休怪我无情，只怕我不对你无情，有一日你这个新人就要偷笑着看我这个旧人悲伤落泪了吧？想到这儿，郑袖的眼中不由得透出狠戾之色，无论如何她一定要从魏美人那里夺回怀王的宠爱。于是，在一次“谈心”时，郑袖对新人说：“大王喜爱你的美貌，可是却不喜欢你的鼻子。你见到大王，一定要掩上你的鼻子。”娇憨的魏美人怎知这是郑袖的诡计？还只当这个姐姐对自己好，处处提点自己呢。从此魏美人一见到楚王，就遮住自己的鼻子。次数多了，楚王不免觉得奇怪，问郑袖：“那位新人见到我，就捂住她的鼻子，这是为什么呢？”郑袖一副欲言又止的模样，犹豫地说：“我知道是怎么回事。”楚王见她这个样子，心想魏美人八成是说了自己的坏话，不高兴地说：“即使是再不中听的话，也一定要说。”郑袖为难地说：“她好像是讨厌闻到大王身上的气味吧。”楚王一听脸色就变了，这个女人真是不知天高地厚了，不过是魏王送给我的一个“小礼物”罢了，我对她如此宠爱，她身在福中不知福，居然还敢嫌弃身为一国之君的我！于是楚王愤怒地说：“此女太刁蛮了！”下令割去魏美人的鼻子，并不准违抗命令。可怜的魏美人就这样失去了君王的恩宠、失去了自己的花容月貌。与其说是祸从天降，不如说是人心险恶。单纯的魏美人只看到了眼前的幸福，却没看到隐藏在幸福后面的危机。有时候，虽然你无害人之心，但你的幸福、你的美丽就是你被人陷害的理由。犹如一朵娇艳欲滴的鲜花，盛放在那里，带给这个世界美丽和芬芳，虽然并没有妨碍到谁，但就是有人会伸手将花折下，不为别的，就为将美好留在自己手中而已。美人如花，花有百种，人有千面。艳丽的玫瑰尚且知道用尖刺保护自己，魏美人身在险境却无防人之心。她只知绽放美丽、炫耀幸福，却不知防范佛口蛇心的郑袖、君心难测的怀王，莫名其妙地成了别人处心积虑陷害的目标，成了别人发泄一时愤怒的对象。悲剧落幕时，魏美人成了薄命红颜，郑袖成了红颜祸水。

世上红颜何其多，但能成为“祸水”的却并不多。成为“祸水”也是需要资格的。貌美如花、深得君宠便是一个前提条件。这个前提郑袖有，魏美人也有，但两个红颜却演绎出不同的命运。美丽的女人，徒有美貌而无智慧，便容易陷入红颜薄命的悲剧之中，犹如傻傻的魏美人；美丽的女人，兼具美貌与智慧，却心如毒蝎，便成为害人匪浅的红颜祸水，就像阴险的郑袖。

卫人新妇——话不择时成笑柄

在古代汉语中，“妇”是对为人妻者的称呼。新妇，意即“新的妇”。所谓“妇初到者曰新妇”，新妇就是我们现在所说的新娘。新娘，让人联想到那“手如柔荑，肤如凝脂，领如蝤蛴，齿如瓠犀，螓首蛾眉，巧笑倩兮，美目盼兮”的新嫁娘庄姜；让人联想到那“桃之夭夭，灼灼其华。之子于归，宜其室家”歌声之中对幸福美满婚姻的祈盼；让人联想到喜气洋洋的红色和被红色映衬得格外娇羞的温柔一笑。新娘给人们的印象多半是美丽而温柔、羞涩而谨慎的。

但既是“多半”，便难免有特例。女人如花般千娇百媚，新娘自然也各有各的与众不同。且来看看卫国这个特别的新娘。一身红装的新娘犹如红玫瑰般娇艳欲滴，那样赏心悦目。看着新娘袅袅娜娜地登上车后，驾车人正待出发时，那原该静静悄悄独自绽放的“玫瑰花”却说起话来，她问驾车人：“两边拉套的马，是谁家的马？”驾车人听到新娘的问话既意外又惊讶，新娘子不是应该温柔羞涩地沉默无声吗？再说一个新娘子在这大喜之日怎么还有心思管这样的“闲事”？这是急着了解家中财产状况吗？尽管心里想了这么多，但嘴上只是如实地回答了几个字：“是借来的。”正当驾车人暗自感叹新娘太过好奇之时，新娘又对驾车人说：“鞭打两边拉套的马，不要打中间架辕的马。”这次虽驾车人依旧点头答应，但心中不免有些不高兴，这新娘还知道怎么驾车，倒是挺能干，可是作为新娘，她的话实在太多了。

车子到了夫家门口，扶新娘下车进门时，新娘对送她的保姆说：“把家里的灶火灭掉，以免失火。”此言一出周围的人不由得一愣，新娘的话倒是在理，防火防盗的确是家中大事，可这个时候新娘的眼里心里不是应该只有新郎的吗？一个新娘说出这样的话来，实在让人觉得有点怪异，这哪像刚进门的新娘子啊，倒像是个爱操心的当家主母。来宾们的面面相觑令主人家有些尴尬。大家甚至用询问的眼神看向新郎，仿佛在问：“你的岳父岳母把女儿教育得太能干了吧？能干到有些爱逞能了吧？刚才迎亲时你那岳父岳母是怎么告诫新娘的啊？”

根据《仪礼·士昏礼》中关于婚礼的记载，一套完整的婚姻礼节有六个步骤，即纳采、问名、纳吉、纳徵、请期和亲迎，后世称之为“六礼”。第六礼为“亲迎”，俗称“迎亲”，是新郎亲往女家迎娶新娘的仪式。据说，迎亲的时候新郎要穿着礼服，带领着墨车（新郎坐的车）、彩车（新娘坐的车，设有帷帘）、从车、仆人等亲自去新娘家迎亲。到新娘家大门外时，女方家的主人会亲自出来迎接，大家相见后经过一番揖让，双方一起来到堂上，新郎向岳父行过大礼之后，新娘才从房里出来，先走到她父亲跟前，父亲告诫她道："今后要时刻恭敬、谨慎，不要违背你公公婆婆的意愿。"然后，新娘再走到她母亲跟前，母亲在她腰间系上一条带子，并戴上佩巾，叮嘱她说："今后你要勤勉、谦恭，好好完成你公公婆婆吩咐你的家务。"新娘听完父母的训诫之后才随新郎下堂来到大门口，新娘登上彩车，并从新郎手中接过驾车的带子。新郎驾着彩车往前走，在车轮转了三周后，将车子交给驾车人，因为他还要到自己家门前迎候新娘，所以乘坐墨车先走。

面对大家的困惑不解和不以为然，新郎无奈地笑笑。聪明美丽的新娘是岳父岳母的掌上明珠，刚才迎亲之时，亲见岳父岳母对爱女的万分不舍和百般担心，现在他懂了这份担心，自己这有主见的新娘实在是聪明有余、稳重不足啊。而这位爱说话、爱管事的新娘却犹未发觉众人的诧异和不满，依旧自顾自地发挥着自己善于观察的优点。当她进入房间时，看到屋里舂米的石臼，新娘蹙眉道："把石臼搬到窗户下面，不要妨碍来往的人走路。"主人家这样放石臼有这样放的原因，而这个原因还来不及告诉刚进门的新娘。你一个刚进门的新媳妇怎么就敢发号施令？再说谁能听你这新人的号令呢？这爱逞能又不通世故的新娘让人想起一句古语：实磨不响空磨响，一瓶不满半瓶摇。这回连主人都觉得这新娘的言行不仅非常突兀，而且十分可笑。这新娘看上去很聪明，可一个真正聪明的人哪会随便发表意见呢？

其实新娘三次说的话，都很重要，但却受到了众人的嘲笑。为什么呢？是因为她说话没有选择恰当的时机。卫国新娘如同开屏的孔雀，显示了自己的长处，也暴露了本该隐藏的缺点。可笑的卫国新娘，或许会在岁月的打磨中渐渐懂得大智若愚的可贵与重要。与其高调地张扬自己，不如低调地锻造自己。偶尔和扬扬自得的自己说，别太把自己当盘菜，就算你真是佳肴，也不是每个人都待见你不是？

四

凡人智慧

《绘图前后七国志演义》插图（据民国印本）

佚庄——众口铄金惑君心

宋代黄庭坚《劝交代张和父酒》一诗算不得名篇，但诗中有一警句：三人成虎事多有，众口铄金君自宽。此句言有尽意无穷，发人深省。“三人成虎”这一成语出自《战国策》，而且并非只出现一次。它原意指城里本没有老虎，三个人谎报集市里有老虎，听者就信以为真。比喻谣言或讹传经多人重复述说，就能使听者信以为真。虽然真相只有一个，但在真相未明的情况下，往往有意想不到的悲剧发生。

佚庄，战国时期一个姓已佚去，只留其名的小人物。这个平凡的人却有着不凡的见识，他有一颗警醒而通透的心，知道真与假虽只一字之别，有人却会因为那被蒙蔽了的真相付出惨重的代价。当时，秦国攻打赵国都城邯郸，连战十七个月都没有攻下。久战未果，不仅人困马乏，而且人心躁动。这种危机潜伏的情况令敏锐的佚庄深感不安，他向主将王稽建议道：“您何不赏赐军中的官吏呢？”王稽知道佚庄此言之意是为了稳定军心、防微杜渐，但却不以为然，反而觉得这是多此一举，便说：“我和秦王之间，别人是不能进什么谗言的。”这王稽也不是无能之辈，曾在出使魏国时救助了身在困境中的范雎，将其带回秦国，使秦昭王得一良相。范雎受重用后向秦昭王推荐了王稽。秦昭王升王稽为河东郡郡守，享有三年之内可以不向朝廷汇报郡内政治、经济情况的特权。这样的荣宠和信任，令王稽认为秦昭王非常相信自己，别人进的谗言是不会起到作用的。

佚庄见王稽身处险境而犹不自知忍不住劝道：“不是您想的那样。以父子来说，儿子对父亲的命令有的一定能听从，有的不一定会听从。如果父亲说‘赶走你那宝贝老婆，卖掉你那心爱的小妾’，这样的要求儿子肯定做得到；可如果是说‘不许去想念她们’，这样的命令肯定做不到。再比如说，看门的老婆子说：‘那天晚上，一个美女和一个小伙子私通。’对前一件事来说，儿子喜爱的妻子已经离去，心爱的小妾已经卖掉，而父亲不应该命令儿子不许有思念之情。对后一件事来说，老婆子想把看到的告诉别人，却是人之常情。如今您虽然受到君王的宠爱，却也比不上骨肉至亲的父子；军中的官吏虽然卑贱，却也不比那守门老婆子更低贱吧？大王的话您不可能都执行，但军官们的心愿您却不能不考虑。”佚庄用生活中的平常之事做类比，言浅而意深，颇具说服力。可是王稽听了却无动于衷，佚庄再次劝道：“您仰仗君王的宠信，轻慢手下的兵将已经不是一天两天了。您难道没有听说过这样的说法：‘三个人说集市上有老虎，人们就会相信；十个人说坚硬笔直的木棒弯曲了，大家就会相信。人们的传言可以扭曲真相，没有翅膀的也有人相信它可以高飞。’就因为这样，我劝您不如赏赐军中官吏，并且对他们以礼相待。”佚庄的话已经说得很透彻了，有可能发生的危机，不仅是因为今日之困境，而且源于长久以来的积怨。可是过于自信和自傲的王稽依然没有听从佚庄的建议。

有些灾祸因无法预知而避之不及，这样的无妄之灾令人无奈。

有些祸患已露端倪却置之不理，这样的以身犯险令人叹息。佚庄的再三劝说没能阻止王稽的一意孤行。于是，那可预测的祸患最终发生了。军官们处境艰难不堪忍受，果然因憎恨王稽和他的副手杜挚而诬告他们谋反。本就因久战无果而烦恼不已的秦王听到这样的控告后十分愤怒，下令杀掉王稽，并想连举荐王稽的范雎一并杀死。范雎所献对外远交近攻、对内加强王权的策略为秦国的强大做出了极大的贡献，而秦昭王曾长跪于地请范雎为自己出谋划策。这样的君臣关系，这样的重要人物，尚且有性命之忧，那盲目自信的王稽怎能不令人唏嘘感叹？

范雎比王稽幸运，还有当面陈词的机会，他对秦昭王说："我，是东方卑贱的下等人，得罪了魏王，逃命来到秦国。我没有诸侯做后盾，也不是大王的亲友故旧，大王却重用了客居于此的我，让我主管国家大事，天下人都知道我的身世和大王对我的提拔。如今我愚昧惑乱，与罪人王稽有牵连，若是大王明令处死我，这是让天下人都知道大王用错了人，您必然会成为诸侯们议论的对象。我不能为大王分忧解愁，反而让大王为我这样的卑贱之人清名受损，我怎么能这样做呢？我请求大王赐我毒药自尽，并恩准以相国的礼节来埋葬我，这样大王既可以治我不善识人之罪，又没有用错人的坏名声。"秦王听完范雎这番"肺腑之言"后，想了想说："说得有道理。"不但没有杀范雎，而且依然厚待于他。

范雎得生，固然是因为他能言善辩，更是因为他深知人趋利避害的本性。秦昭王当日礼贤下士厚待于他、今日大动杀机迁怒于他，都是出于于己有利之心，只是在不同的情境下，具体表现有所不同罢了。王稽得死，因为他不懂这层深意，不知道人与人之间看似牢不可破的信任有时十分脆弱，不知道自己再重要也不过是秦王棋盘上一颗冲锋陷阵的棋子而已。

龙阳君——龙阳泣鱼固君宠

看到“梨花带雨”这个词，你是想到犹带雨露的白梨花，还是想到玉容寂寞的泪美人？如花美人、美人如花，怎能不怜之、爱之？这个成语出自唐代诗人白居易的《长恨歌》，一句“玉容寂寞泪阑干，梨花一枝春带雨”，将杨贵妃哭泣时楚楚可怜的姿态描写得唯美动人，后来人们便用“梨花带雨”一词形容女子的娇美。只是，在魏王眼中那梨花带雨、我见犹怜的人儿，不是美女，而是美男。

这是个史上有名的美男子——龙阳君。龙阳君生活在遥远的战国时代，据说不仅容貌俊秀，还是当时的剑术高手。如此才貌双全的偶像级人物，不知是多少闺中少女的心仪对象。龙阳君恋爱了，有了意中人，一时间不只芳心碎满地，还将让众人惊得目瞪口呆。原来，龙阳君这个具有政治手段的美男不只是魏王的宠臣，还是魏王的男幸。何谓“男幸”？其实就是男宠，跟后宫嫔妃的性质差不多，不同的是他们性别为男。历史上不少国君、皇后身边都有男幸。比如《旧唐书》中记载武则天有男宠薛怀义、张易之、张昌宗等，他们都是相貌英俊、体格健壮的男人。《汉书》中则记载了汉哀帝对董贤的“断袖之宠”。董贤与哀帝午睡时，压住了哀帝的衣袖，哀帝睡醒欲起身，见董贤仍在熟睡，不忍惊动他，遂断袖而起。后人将同性恋雅称为“断袖之癖”，便是源自此。这龙阳君与魏王之间的情深意长并不亚于董贤与汉哀帝。龙阳君生得婉丽妩媚，后宫佳丽在他面前亦黯然失色，魏王对他极为宠爱，封其为龙阳君。战国时代的“龙阳之好”比之汉代的“断袖之宠”无疑时间更早，龙阳君也就成了中国历史上较早有记载的男同性恋者，龙阳也成为后世男色的代名词之一。

“龙阳泣鱼”便是龙阳君与魏王秀恩爱的一个小故事。风和日丽的一天，魏王和龙阳君一同在船上钓鱼。龙阳君钓到了鱼，高兴地和魏王分享喜悦。那样晴好的天气，那样清澈的河水、那样灿若桃花的笑容，良辰美景，如画美人，如此赏心悦目，看得魏王心旷神怡，心情大好。可是，原本欢欣雀跃的龙阳君钓着钓着渐渐沉默了，那蹙眉沉思的表情倒也别有一番味道，魏王见了心生怜爱，心想：龙阳君真是仪态万千啊，笑的时候风情万种，不笑的时候沉静迷人。正心醉于龙阳君的美好时，却见龙阳君对着那十几条钓上来的鱼哭了起来。换作别的男人对着一桶鱼哭得好不伤心，那画面多半令人觉得不忍目睹吧。可龙阳君却哭得那么美，犹如捧心的西子般令人万分怜惜。梨花带雨的龙阳君哭得魏王既莫名其妙，又心痛不已。刚刚还笑得如沐春风，怎么转眼就哭得伤心欲绝了呢？这桶里游着那么多条钓上来的鱼，也不可能是因为没钓到鱼气哭的啊。难道是忽然想到了难过的事吗？魏王关切地问：“你有什么心事吗？如果有，为什么不告诉我呢？”龙阳君轻轻拭了下泪说：“我没有什么心事，您不必担心。”魏王一听更着急了，哭得那样伤心怎么能不担心啊，说：“那么，为什么要流泪呢？”龙阳君抬起一双泪眼凝视着魏王，那哀伤的眼神看得魏王心里一紧，忍不住上前握住龙阳君的手。龙阳君的手上还有湿湿的泪水，这让魏王更加不舍。这时，龙阳君幽幽地说道：“我是为我所钓到的鱼而流泪啊。”这个说法让魏王有点晕，钓到鱼不是开心的事吗？问：“为什么这样说呢？”龙阳君转过头去不看魏王，而是看着桶里的鱼回答说：“我刚钓到鱼的时候，很高兴。后来钓的鱼多了，也更大了，就想把以前钓到的小鱼扔掉，再钓更大的鱼。如今凭着我丑陋的相貌，能为大王拂拭枕席，还被您封为龙阳君。在朝廷中，大臣们都趋附于我，在道路上，人们也为我让道，是您的宠爱使我如此高贵的啊。可是，天下的美人那么多，听说我这样鄙陋的人都能受到大王您如此宠幸，她们一定会提起衣裙跑到大王这里来。到那时，我就像最初钓到的鱼一样，恐怕也将要被抛弃了，这怎能不令我流泪呢？”魏王长叹一声说：“唉！你有这样的心思，为什么不告诉我呢？”于是下令全国，说：“有谁敢来推荐美人，就诛灭九族。”

龙阳泣鱼固君宠，做得水到渠成而情真意切，以前鱼后鱼比况旧人新人，龙阳君的幽怨、龙阳君的无奈、龙阳君的不安，哪里是为桶中之鱼，分明是为自己那随时可能飘零的命运。但见新人笑不见旧人哭，这种事在王宫之内屡见不鲜，何况龙阳君又是以男儿之身对抗天下红颜。此情此景怎能不令魏王动情？情之所至、兴之所至，魏王便许下了“永世不相忘”的誓言。似乎龙阳君的点点珠泪换来了爱情的圆满。只是，誓言能保证爱情天长地久吗？《战国策》中关于两人恋情的记载就此终了。我们无从得知这段另类的爱情是不是真的完美落幕了，而龙阳君以其妩媚容颜、细腻心思真的能守护住爱情和命运吗？游来游去的鱼儿不能回答，远去的历史亦沉默无声。关于此，聪明的你怎么看？

穿珠人——一举两得解君忧

穿珠人，战国时期齐国的一个平凡的小人物，过着自己平淡而平安的小日子，直到有一天一个大人物问了他一个大问题。如果不是穿珠人完美地回答了这个问题，他可能就此与那平淡而平安的日子挥泪而别了，我们也就无缘领略他一举两得解君忧的风采了。故事中的大人物是齐国国君齐襄王。与穿珠人相比，一国之君齐襄王自然是个大人物，但在继承王位之前，身为太子的他曾被迫逃亡、沦落为仆。

当时，燕国攻打齐国，燕国大将乐毅带兵攻占了齐国都城临淄，接连攻下齐国七十余城，灭亡了齐国，仅剩莒和即墨两城未被攻克。齐湣王逃奔到莒地，被齐相淖齿杀死，其时为太子的齐襄王躲藏了起来。田单率族人以铁皮护车轴逃至即墨，即墨大夫出战阵亡，田单被推举为城守，他以这两座城池为根据地，善用各种谋略与战术，终于打败了燕国军队，收复了齐国失地，在废墟上重建了齐国都城。复国后的田单对立太子为国君犹豫不决，齐国的百姓都认为田单要自立为王。在齐国被燕国攻破时，田单只是齐都临淄的市掾，一个管理市场的小官，但他是田齐宗室远房的亲属，也算出身不凡，后又在国家危亡之际挺身而出，凭借智慧和勇气，以弱胜强，以寡击众，打败燕国，获得了最后的胜利，使国家转危为安。功勋卓著的田单，在迎立太子之时的犹豫，不免引人揣测。后来的事实证明齐国百姓的猜测只是猜测而已，最终齐襄王被立为国君，而复齐有功的田单做了齐国的相国，被封为安平君。

似乎一切都已尘埃落定，然而在齐襄王心中对田单还有深深的忌惮。在田单率众进行艰苦卓绝的复国战争时，逃亡的太子为求自保躲在莒地太史家做用人。两人间的对比，不仅是勇武之臣与谨慎之君，还是有功之臣与新立之君。厥功至伟就不免会有功高震主之嫌，这怎能不令齐襄王对田单多有猜忌呢？一次，君臣过淄水时，有一位老人徒步渡水，年老体弱禁不住河水寒冷，上岸后就不能走了，坐在了沙滩上。田单见老人瑟瑟发抖冷得厉害，便想让后车的人分给他一件衣服，可是大家也没有多余的，田单就脱下自己的皮袄给老人穿上。暖和的皮袄、温暖的心意令老人露出了感激的笑容。随从的人也纷纷称赞田单的善举。

自己的臣子如此关爱百姓，国君即便不嘉奖，也会觉得深感欣慰。可是经历了国破家亡之痛、隐姓埋名之悲的齐襄王对此事却甚为反感，自言自语地说：“田单这样施小恩小惠笼络人心，是想要夺取我的国家吧？如果不早点打算，恐怕他会先下手啊。”这就是言为心声吧，一直以来对田单的猜忌化作脱口而出的恨意。话一出口，齐襄王便觉不妥，左右看看没有人，但殿堂下有一个穿珠子的人，似乎正打算离开，齐襄王把他叫住，问道：“你听到我说的话了吗？”欲走不能的穿珠人，在被叫住的瞬间思绪万千，心知听到了齐襄王的“真心话”，自己怕是要“大冒险”了。果然齐襄王阴森森地问了一个让人不想回答的问题。可他是国君，自己是小民，怎能不答？既然躲不过，那么就要力争一线生机。于是，尽管齐襄王语气不善，但穿珠人还是如实回答说：“听到了。”齐襄王原以为穿珠人会装作没听到，没想到穿珠人居然敢实话实说，看来这个穿珠人并非泛泛之辈，便问道：“你认为怎么样？”穿珠人知道这是自己逃出生天的机会，如果自己顺着齐襄王的心思，赞同他的先下手为强，岂不是间接地害了有功之臣田单？那样不但自己良心不安，而且多半是不能自保的。田单有复国之功，都不得善终，何况自己这样一株默默无闻的小草，定是要被斩草除根的。与其害人害己地死，不如力陈己见，放手一搏。能绝处逢生固然万幸，不能的话也算死得其所。于是穿珠人回答道：“大王您不如趁机把它借来作为自己的善行。”这好名声还能“借”吗？齐襄王听了不由得诧异地问道：“这是什么意思？”穿珠人解释道：“大王不妨嘉奖田单的善行，下令说：‘寡人担心百姓挨饿，田单就给他们吃的；寡人担心百姓寒冷，田单就脱下自己的皮袄给他们穿；寡人担心百姓劳苦，田单也忧虑这些事，他这样做很合寡人的心意。’田单有善行而大王嘉奖他，这样，田单的善行也就成了大王的善行。”这就是穿珠人一举两得的妙计。齐襄王对田单欲除之而后快，是因为将他视作威胁自己的敌对方。但若是齐襄王将田单变成自己人，使田单的善行与功劳，亦成为自己的善行与功劳，君臣两人成为一荣俱荣的利益共同体，那又何须除掉田单呢？齐襄王觉得穿珠人的话有道理，与其大费周章地除掉田单落个骂名，不如用田单的善行传自己的美名，便说："好。"就下令赏赐给田单牛和酒，表彰他的行为。

危机虽然暂时解除了，但是还有必要巩固胜利成果。过了几天，进言成功的穿珠人又来拜见齐襄王说："大王上朝时，应该召见田单，在朝堂上对他以礼相待，亲自慰劳他。还要发布命令，寻找饥寒交迫的百姓，收容供养他们。"齐襄王心想这样群臣和百姓就都知道自己礼贤下士、爱民如子了，便再次采纳了穿珠人的建议，并派人到百姓中听取反映，听到人们在互相谈论，大家都说："田单真是爱护百姓啊！这是大王教导的结果啊！"齐襄王对这样的效果甚为满意。看着得意扬扬的齐襄王，穿珠人才真的放心了，天下人的赞美不仅是齐襄王的定心丸，也是田单和自己的保命散。就这样穿珠人移走了田单头顶上的"达摩克利斯之剑"，也化解了自己的无妄之灾。穿珠人一举两得的计策堪称完美，一方面解除了齐襄王的不满，化解了田单的危机，一方面巧妙地给自己留下了绝处逢生的机会。世事就是这般奇妙，换个角度想问题，就皆大欢喜多方共赢了。两败俱伤，共存共荣，有时不过在一念之间而已。

齐人——三字谏言匡君过

劝谏，规劝谏诤之意。劝谏的初衷是为了使犯错而不自知的人醒悟并停止自己的错误行为，但是否能实现劝谏的目的却是一门艺术。令人欣然纳谏，不但需要正义之词、坦诚之意，而且需要智慧之心、巧妙之法。这个史上无名的齐人，却因三字谏言匡君过的机智而得以载入史册。

齐人所谏之人是齐国大臣靖郭君。“靖郭”是封邑，指古薛城；“君”是封号。靖郭君本名田婴，是齐威王的小儿子、齐宣王的异母弟、孟尝君田文的父亲。靖郭君喜欢养士，门下门客众多，在当时的政治舞台上也是个不容小觑的人物。靖郭君打算加强其封邑薛地的城防工事。靖郭君是齐国重臣，他修筑薛城和寻常人家修缮房屋可不是一回事，他这边干劲十足、兴致勃勃，那边却有人提心吊胆、不知所措。这个心惊胆战的人就是滕国国君滕文公。弱小的滕国是齐国的邻国，滕文公本来就因为滕国处在齐国和楚国中间而备感压力，靖郭君的筑城之举更令滕文公惊恐万分，他问孟子：“齐国人准备加强薛地的城池，我很害怕，您说怎么办才好啊？”贤如孟子也只能安慰道：“您怎样去对付齐人呢？只有努力实行仁政罢了。”从滕文公的惊恐、孟子的无奈中，不难见出靖郭君行为的失当。邻国之人都有这么大的反应了，靖郭君门下那众多的门客又岂会无知无觉？

食君之禄，分君之忧。这些门客早就克尽己责地纷纷前来劝靖郭君停修薛地的城墙了。靖郭君听烦了身边众人的反对之声，下令给负责传达的门吏说，不要给门客通报了。此令一下，识趣的门客自然不再来自讨没趣，那些不识趣的来了也是白来。靖郭君耳根清净了，门客们的心却更加烦乱了。众人进退两难之时，齐人出场了。齐人来请求接见，对门吏说：“我只说三个字，多说一个字，甘愿受烹煮之刑。”门吏觉得这个人的要求与众不同，便帮他通传了。靖郭君听到这特别的请求后，心中暗自琢磨，这个人一定是来劝我不要筑城的，但想用三个字就说服我也未免太过自信了吧？此前的众位门客多半是以“亲有过，谏使更。怡吾色，柔吾声。谏不入，悦复谏”的方式来劝谏的，像对待犯了错误的父母一般，和颜悦色地劝谏，父母不听劝说，就等他们高兴的时候再劝。突然来了个如此另类的，怎能不令靖郭君好奇呢？于是决定接见这个特别的进谏者。

在靖郭君期待的目光中，齐人急步走到靖郭君面前说：“海大鱼。”说完转身就走。这一阵风似的来去匆匆，快得靖郭君几乎都没看清来者样貌。有效率是挺好，但是“海大鱼”是什么意思啊？好歹说清楚再走啊，这丈二和尚摸不着头脑的话多让人着急啊？靖郭君赶紧对着那即将离开的背影说：“您可以留下来把话说完。”齐人停下回头说：“小人不敢拿自己的性命开玩笑。”这话既可先要个免死金牌来保护自己，又可使靖郭君更加急于想听到自己的进谏。果然，靖郭君急切地说：“不要紧，我不怪罪你，请继续说吧。”这次齐人语速正常地回答说：“大人没有听说过海里的大鱼吗？渔网捕获不了它，鱼钩钓不住它。面对这样的大鱼，最能干的渔夫也只能望洋兴叹。可是在海里自由自在、肆意妄为的海大鱼，离开了水，就成为被戏弄的对象，蝼蛄、蚂蚁都能制服它、吃掉它。”齐人将干巴巴的“海大鱼”三个字，扩充为一个简短的海大鱼故事。有水时风光无限的海大鱼和没水时悲惨可怜的海大鱼形成了鲜明的对比。

靖郭君听了这个小故事后若有所思地沉默着，难道自己就是海大鱼吗？齐国就是任自己遨游的大海吗？我修筑城墙是弃水上岸的蠢行吗？齐人见自己的海大鱼故事已经发挥了作用，赶紧趁热打铁地说：“如今齐国，就是您的水啊。您已经有了强大的齐国庇护，它为你遮风挡雨，哪里用得着薛地呢？如果失掉齐国的庇护，就是把薛地的城墙修得像天那样高，又有什么用呢？”齐人的话说得很巧妙，既揭开了“海大鱼”的谜底，又暗示了靖郭君要注意自己那煊赫而敏感的身份，他不仅是强大齐国的权臣，而且是与齐国国君关系最微妙的权臣。如此特殊的身份，处理起事情来不得不格外谨慎小心。对外，强国重臣的举动会引起他国对齐国动向的揣测；对内，王亲贵胄的身份会引起君王对他意图的揣测。筑城，不但会引起邻国的恐慌，而且会引来君王的猜忌。高高的城墙，抵挡了不需抵挡的侵袭，招来了不该招来的隐患，是得是失不言而喻。齐人将其间的利害关系转化成一道简单的选择题，是做大海里有恃无恐的海大鱼，还是做陆地上为人鱼肉的海大鱼？拒听劝谏的靖郭君，这次没有拒做选择题。靖郭君说："您说得对啊。"于是就停止修筑薛地的城墙了。

靖郭君终于知道真正的危险不是别人的有所企图，而是自己的春风得意。得意之时不免忘形，看不到危险，却留下危机。齐人做到了众人想做到而没做到的事，他的成功不仅在于他的机智，还在于他的深刻。机智地利用人的好奇之心，深刻地了解人的利己之心。毕竟，比起做别人嘴边的鱼肉，谁不愿做悠游自在的鱼呢？

中射之士——巧借歧义难楚王

记得都德的名篇《最后一课》中韩麦尔先生在最后一次给学生们上法语课时说：法国语言是世界上最美的语言，最明白，最精确。彼时年少的我因这句话感受到了那力透纸背的悲哀凄凉。感伤之余心里不免会想，难道我们中国语言不是最美、最精确的语言吗？后来渐渐懂得"最美"是因人而异的。就个人而言，自己祖国的语言永远都是最美丽的语言。中国的语言虽然未必是最明白、最精确的语言，但是这言浅意深、曲折委婉的语言无疑是我炎黄子孙心中最美的语言。

中射之士，战国时期楚国一个负责宫廷保卫的小官员，比起那些舌吐风雷的策士、能言善辩的谏臣他不过是个小人物。这个小人物却深解中国语言的奥妙，并巧妙地利用语言的歧义性对国君的愚蠢行为进行了嘲弄，使那对长生不死充满痴心妄想的楚王不得不平息怒火、停止蠢行。

长生不死，是生命有限的凡人可望而不可即的梦想。梦想是人类对于美好事物的一种憧憬和渴望，尽管梦想有时不切实际，但总有人忍不住去追寻它。神话中，嫦娥因偷食后羿自西王母处所求得的不死药而奔月成仙，长生在月宫之中。史书中，秦始皇派遣徐市带童男童女数千人，入海求仙人，又派韩终、侯公、石生出海求仙人不死之药。小说中，“不死药”被设想成来自南太平洋神秘岛屿上独有植物提炼而成的抗衰老素，能够防止衰老，长生不死。

然而，这些明知不可为而为之的执着，换来的却不是期待中的幸福满足。“嫦娥应悔偷灵药，碧海青天夜夜心”是永岁幽居月宫中嫦娥的寂寞独白。屡求不死之药的秦始皇没有等来灵丹妙药，在第五次巡游中抱病身亡。倪匡小说中吃了不死之药而长生的人停止服药时，就会变成白痴，失去了平凡简单的生活。

长生不死之梦太美好，以至于古往今来总有人愿意在这个梦中沉睡不醒。战国时代的楚王就是这样一个追梦人。君王好之，必有谄媚之人投其所好。有人向楚王进献长生不死之药，通传的人拿着药进入宫中，一路上小心翼翼，生怕有闪失弄坏了大王望眼欲穿的宝贝。

不死之药进宫的消息早已飞进王宫之中，一时之间传得沸沸扬扬，大家你一言我一语地悄声议论着，有的人认为吃了不死之药可以长生不老，对楚王的好运羡慕不已；有的人认为这不过是江湖术士的骗人把戏。中射之士，负责宫廷保卫的官员，善射之人，却并非有勇无谋的一介武夫。不死之药进宫的消息他早有耳闻，如今又听到周围人的众说纷纭，不由得暗暗感叹：且不说这不死之药是不是真的能长生不死，仅就这求不死之药带来的负面影响就令人担忧了。平常之人访药求仙尚且被视为玩物丧志，更何况一国之君呢？上行下效，国君这荒唐的行为，如果在王宫中、国家里蔓延开来，那么哪还有人勤于耕作、刻苦读书、保家卫国？长此以往岂不是民不聊生、国将不国？自己一个小小官员都能看出不死之药带来的危机？身为一国之君怎能如此执迷不悟呢？

在中射之士思绪万千的时候，通传的人已走了过来，中射之士看看来人和他手中那珍之重之的不死之药，灵机一动问道："这药可以吃吗？"通传的人心想：这不是废话吗？如果不能吃谁还敢献给大王啊？那不是自寻死路吗？理所当然地回答道："可以吃。"谁知他话音刚落，中射之士便将他手中之药一把夺去，并一口吃了下去。通传的人目瞪口呆了半晌，才慌慌张张地奔去向楚王回报中射之士的大逆不道之行。楚王自然大怒，当即派人去杀胆大妄为的中射之士。

面对前来执行死刑的人，中射之士没有反抗，也不惊慌，只是镇静地请其向楚王转达自己的话说："我询问过通传的人，他说可以吃，我才把药吃了。如果说有罪，那罪不在我，而在通传的人。况且，宾客进献的是长生不死之药，现在我刚吃了药，大王就杀了我，这哪里是不死之药，分明就是死药啊。大王杀了无罪的我，来证明大王受到了献不死之药宾客的欺骗。我虽然死不足惜，但大王却将因上当受骗而被天下人嘲笑。"楚王听了这样的话后，虽然心有不甘，但却不得不收回成命，没有杀中射之士。

中射之士的这番辩白之词深得中国语言委婉曲折之妙。通传之人回答的"可以吃"，是指此药可以食用；中射之士理解的"可以吃"，是允许我吃。楚王盼望的长生不死，是吃了不死之药而长生；中射之士脱罪的长生不死，是任何条件下都可以不死。勇敢机智的中射之士巧妙地借用了中国语言别具特色的歧义性，不但嘲弄了偏执愚昧的楚王，摆脱了自身的困境，而且促使楚王意识到迷信不死之药的可笑与不智。

忠臣之智慧、昏君之无奈，因语言之妙而相映成趣。对楚王的执念一笑而过以后，也问自己，凡夫俗子的长生不死是什么？或许，无法长生不死的我们，踏踏实实地过好有限的每一天就是“长生”，而生生不息地代代相传就是我们的“不死”。

图书在版编目（CIP）数据

舌吐风雷震九州：《战国策》谋略／何昆著．— 郑州：海燕出版社，2015.4（2018.4 重印）
（华夏文库．经典解读系列）
ISBN 978-7-5350-6178-2

Ⅰ.①舌… Ⅱ.①何… Ⅲ.①中国历史－战国时代－史籍②《战国策》－研究 Ⅳ.①K231.04

中国版本图书馆 CIP 数据核字（2015）第 032313 号

华夏文库 经典解读系列

舌吐风雷震九州

——《战国策》谋略

何 昆 著

出版发行：海燕出版社
（郑州市北林路 16 号 450008）
发行热线：0371-65734522
经 销：全国新华书店
印 刷：恒美印务（广州）有限公司
开 本：635 毫米 ×965 毫米 1/16
印 张：9.5 印张
字 数：120 千字
版 次：2015 年 4 月第 1 版
印 次：2018 年 4 月第 5 次印刷
定 价：17.00 元